| 职业教育电子商务专业 系列教材 |

跨境电商基础与实务

主 编／王 冰

副主编／何妙佳　　许樱蓝　　余剑琴

参 编／（排名不分先后）

　　　　施 圳　　徐苑平　　刘秋红　　尹万芳

　　　　曹凯英　　曾 敏　　李志超

主 审／肖 忠

重庆大学出版社

内容提要

本书以课程思政为引领，融入职业道德、学科素养、规则教育、从业态度等元素，以主流跨境电商平台"速卖通"为主要的实际操作讲解对象，对一个完整的跨境电商项目的运营全过程进行任务分解，带领学生在任务跟学的过程中依次掌握跨境电商的市场调研、店铺注册、选品上架、推广运营、物流选择、数据分析、客户服务等相关理论与实际操作知识。

本书兼顾理论与实践，既可作为职业院校跨境电子商务、电子商务、国际贸易等专业的教学用书，也可供想要涉足跨境电子商务行业的社会人士阅读。

图书在版编目（CIP）数据

跨境电商基础与实务 / 王冰主编. ――重庆：重庆大学出版社，2024.1
职业教育电子商务专业系列教材
ISBN 978-7-5689-3789-4

Ⅰ.①跨… Ⅱ.①王 Ⅲ.① 电子商务—职业教育—教材 Ⅳ.①F713.36

中国国家版本馆CIP数据核字（2023）第221033号

职业教育电子商务专业系列教材
跨境电商基础与实务
KUAJING DIANSHANG JICHU YU SHIWU

主 编 王 冰
副主编 何妙佳 许樱蓝 余剑琴
主 审 肖 忠
策划编辑：王海琼

责任编辑：张红梅 版式设计：王海琼
责任校对：关德强 责任印制：赵 晟

*

重庆大学出版社出版发行
出版人：陈晓阳
社址：重庆市沙坪坝区大学城西路21号
邮编：401331
电话：（023）88617190 88617185（中小学）
传真：（023）88617186 88617166
网址：http://www.cqup.com.cn
邮箱：fxk@cqup.com.cn（营销中心）
全国新华书店经销
重庆市国丰印务有限责任公司印刷

*

开本：787mm×1092mm 1/16 印张：14.5 字数：363千
2024年1月第1版 2024年1月第1次印刷
印数：1—3 000
ISBN 978-7-5689-3789-4 定价：49.00元

编写人员名单

主　编　王　冰　广州市旅游商务职业学校

副主编　何妙佳　东莞市商业学校

　　　　许樱蓝　澄海职业技术学校

　　　　余剑琴　广州市旅游商务职业学校

主　审　肖　忠　中山市职业教育集团

参　编　（排名不分先后）

　　　　施　圳　广州市旅游商务职业学校

　　　　徐苑平　广州市旅游商务职业学校

　　　　刘秋红　东莞市商业学校

　　　　尹万芳　东莞理工学校

　　　　曹凯英　中山市建斌职业技术学校

　　　　曾　敏　东莞市电子商贸学校

　　　　李志超　广州市炜宸工艺品有限公司

2022 年 10 月 16 日，习近平总书记在党的二十大报告中提出，要推动货物贸易优化升级，创新服务贸易发展机制，发展数字贸易，加快建设贸易强国。

跨境电商作为数字经济在国际贸易领域的重要新业态，它的出现和发展为更多的中小微市场主体提供了寻找商机、拓展市场的新机会，尤其是在当今复杂多变的贸易环境下，显示出了巨大的市场活力和增长韧性。据海关总署统计，中国跨境电商进出口总额 5 年内增长了 10 倍。2022 年，我国跨境电商进出口总额达 2.11 万亿元，增长 9.8%，高于整体外贸进出口增速 2.1 个百分点，成为我国外贸高质量发展的有生力量和新的重要抓手。

跨境电商行业的"火"也带动了企业对跨境电商人才的强劲需求。面对人才的巨大缺口，教育部于 2019 年 6 月 18 日公布了《中等职业学校专业目录》增补专业，跨境电商成为增补的 46 个专业之一，充分展示了中国职业教育正以积极的姿态解决跨境电商市场的人才短缺问题。但是，在人才培养的过程中，不少职业院校都面临着上课无平台、无账号、无项目的实际问题，许多跨境电商基础课程也因此流于理论和形式，很难开展有效教学。

在此背景下，我们组织了有教学经验和实际操作经验的"双师"教师团队，编写了这本适合职业院校开展跨境电商理论教学与实操教学的教材，本书引入项目、活动，充分呈现了跨境电商的平台操作界面。

本书具有以下特点：

1.在编写过程中坚持"以思政为引领、以项目为依托、以流程为脉络、以任务为驱动"的模式，通过"知识准备"学习专项技术和理论基础，反映认知规律，通过"任务实施"落实技术的综合应用，体现职业属性。

2.在编写内容上以主流跨境电商平台"速卖通"为主要实际操作讲解对象，分项目组织教学内容。本书详细介绍了跨境电商的政策法规、行业调研、平台选择、选品上架、物流选择、营销推广、数据分析、客户服务、职业素养要求等方面的内容，带领学生由浅入深地了解跨境电商的相关理论与实操知识。

3.以"立德树人"引领本书总体设计，提供大量电子案例素材及拓展学习素材，融入职业道德、学科素养、行业观察、中国态度、行业规则、行业特色、商业文化等思政元素，增强学生的社会责任感和投身跨境电商行业的信心，加深学生的行业认知。

本书由王冰担任主编，由何妙佳、许樱蓝、余剑琴担任副主编。其中，项目 1 由曾敏、尹万芳、施圳共同编写；项目 2 和项目 3 由王冰、刘秋红、何妙佳共同编写；项目 4 由王冰、曹凯英、许樱蓝、曾敏共同编写；项目5由余剑琴、徐苑平共同编写；项目6由许樱蓝编写；项目7由王冰、尹万芳、施圳共同编写。

同时，为丰富呈现方式和配套资源，本书提供了配套的电子案例、PPT课件、习题答案、思维导图、案例素材等教学资源，为教师教学和学生自学提供有效支撑，读者可登录重庆大学出版社的资源网站（www.cqup.com.cn）自行阅读。本书可供职业院校国际贸易、电子商务、市场营销、商务英语等专业作为教材使用，也可供希望掌握跨国电子商务推广技术、从事网络营销推广活动的学习者使用。

在本书编写过程中，笔者参阅、借鉴并引用了大量相关网站的资料和研究成果，取得了有关学校和企业的大力支持，广州市炜宸工艺品有限公司经理（兼任阿里巴巴速卖通培训中心讲师）李志超全程参与了本书的编写指导，提供和整理了企业的真实项目案例，并协助构建了本书的数字化资源。

由于时间仓促，加之笔者水平有限，书中难免存在疏漏和不足之处，恳请广大读者批评、指正。

编　者

2023年6月

‖‖‖ 项目7 培养跨境电商职业道德

参考文献

项目 1
认识跨境电商行业

项目综述

2022年10月16日，习近平总书记在党的二十大报告中提出，推动货物贸易优化升级，创新服务贸易发展机制，发展数字贸易，加快建设贸易强国。

作为一种新业态和新模式，跨境电商已成为我国外贸发展的新动能、转型升级的新渠道和高质量发展的新抓手。

尚美服装有限公司是一家主营女装的传统出口型外贸企业，现有员工100人左右，有自己独立的女装品牌，在国内外有一定的知名度。生产的女装产品不仅远销北美、欧洲，在国内淘宝、天猫上也有一定的销量。近期，公司业务部在市场调查研究中发现，许多外贸公司都在布局跨境电商业务，并通过跨境电商平台转型开展跨境零售及批发业务，取得了很好的业绩。

该公司市场部的张经理也想尝试组建一支跨境电商团队，开展跨境电商业务，为公司寻求新的发展。陈龙是一名刚从职业院校毕业的学生，有幸被公司分配到这个新团队，与团队的同事们一起开始了跨境电商的探索之旅。

项目目标

通过本项目的学习，应达到的具体目标如下：

素质目标
◇通过调研跨境电商行业的就业前景，培养学生的探索精神；
◇明确行业发展趋势，立志做有担当、有使命感的跨境电商从业者；
◇在岗位认知过程中建立合理规划未来职业发展的意识。

知识目标
◇知道跨境电商出口业务的特点；
◇了解跨境电商相关政策；
◇知道跨境电商行业主要岗位的职业能力要求；
◇能区分跨境电商的类别，知道各类代表性跨境电商平台。

能力目标
◇能自主查阅跨境电商的相关政策，分析跨境电商行业的发展趋势；
◇能根据跨境电商各岗位的职业能力要求，结合自身情况明确未来要努力的方向。

□ 项目思维导图

任务1 »»»»»»
走进跨境电商行业

任务情境

尚美服装有限公司在决定开展跨境电商业务之前,要求公司电商部门对跨境电商行业展开深入调研,充分了解跨境电商的概念、特点、分类、发展历程、发展趋势以及相关政策等,以此综合评估公司是否有进军该行业的必要,以及公司进军该行业的潜力和优势。

作为公司电商部门的成员之一,陈龙和他的同事们在张经理的带领下展开了对跨境电商行业的调研。

任务分解

为深入了解跨境电商行业状况,需要依次完成以下两个工作任务:

(1)了解跨境电商行业;

(2)解读跨境电商政策。

活动1 了解跨境电商行业

活动背景

尚美服装有限公司要求公司电商部门对跨境电商行业展开深入调研,了解行业状况。陈龙团队经过讨论,决定从跨境电商的概念、特点、分类、发展历程、发展趋势等方面进行调查,初步了解跨境电商行业。

回 知识准备

1. 跨境电商的概念

跨境电商（Cross-border E-commerce）源于电子商务，是电子商务的新模式和新业态。它是指处于不同国家（地区）的交易主体，以电子商务平台为媒介，以信息技术、网络技术、支付技术等为技术支撑，完成商品的线上交易、进行支付结算，并通过跨境物流或异地存储将商品送到消费者手中的国际商业活动。

2. 跨境电商的特点

跨境电商具有直接性、小批量、高频度、数字化和全球化五大特征。

① 直接性：买卖双方可以通过跨境电商平台，实现多国买卖双方之间的直接交易。

② 小批量：在跨境电商平台上，单笔订单大多是小批量，甚至是单件的。

③ 高频度：买家通过跨境电商平台能够即时按需采购、销售或消费，交易频率高。

④ 数字化：跨境电商平台使交易信息更容易获得，让买卖双方的交易更容易达成。

⑤ 全球化：全球各个国家之间的个体，都能在跨境电商平台上进行跨境交易。

3. 跨境电商与国内电商、传统外贸的差异

① 跨境电商与国内电商在业务环节、交易主体、交易风险和适用规则上都有很大的差异，具体见表 1.1.1。

表 1.1.1　跨境电商和国内电商的差异

区别项目	跨境电商	国内电商
交易关境	不同国家或地区之间	在国内进行交易
交易语言	以英语为主，多国语言并存	中文
交易货币	以美元为主	人民币
物流方式	采用国际物流方式，成本高	采用国内快递，成本低廉
交易效率	涉及商品的出入境，相对复杂	交易简单、便捷、高效
政策影响	受各交易国的政策影响	受国内政策影响

② 跨境电商也可以说是随着全球电商的发展，传统外贸的一次演变和升级。但是与传统外贸相比，跨境电商也有自身的特点，二者的差异如图 1.1.1 所示。

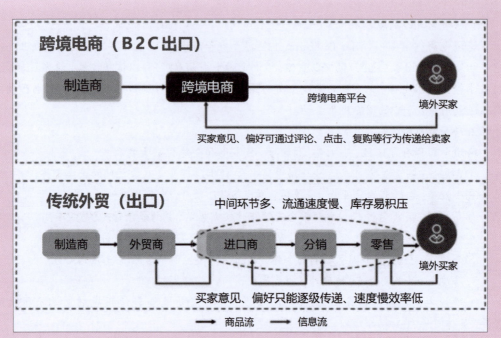

图 1.1.1　跨境电商与传统外贸的区别（以出口为例）

⊙填一填⊙

　　跨境电商跟传统外贸有很大的差异，请查阅相关资料，结合图 1.1.1，将表下给出的答案选项填写到表中的相应位置。

区别项目	跨境电商	传统外贸
经营模式		
进入门槛		
订单类型		
交易环节		
运输方式		
税收方式		
争议处理		

答案选项:

A.B2B 为主

B.B2C 为主

C.适合有实力的团队做,入门门槛高

D.个人、企业都可以参与、入驻,进入门槛相对较低

E.小批量、多批次、订单分散

F.大批量、少批次、订单集中

G.交易环节复杂,涉及中间商多

H.交易环节简单,涉及中间商较少

I.多通过海运、空运完成

J.通常借助第三方物流企业,一般以国际快递形式完成

K.涉及复杂的关税、增值税及消费税等,可享受正常的通关、退税政策

L.税收以行邮税(行李和邮递物品进口税)为主,很少能享受退税政策

M.健全的争议处理机制

N.争端处理不畅,效率低

4. 跨境电商的分类

（1）按进出口方向不同分类

按进出口方向不同,跨境电商可分为进口跨境电商和出口跨境电商,如图 1.1.2 所示。

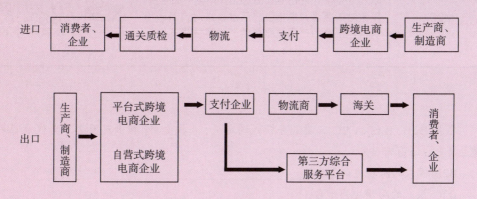

图 1.1.2　跨境电商进出口交易模式

进口跨境电商:境外卖家将商品直销给境内买家,一般是境内买家访问境外卖家的购物网站选择商品,然后下单购买并完成支付,由境外卖家通过国际物流将商品发送给境内买家。

出口跨境电商:境内卖家将商品直销给境外买家,一般是境外买家访问境内卖家的购物网站选择商品,然后下单购买并完成支付,由境内卖家通过国际物流将商品发送给境外买家。

（2）按交易模式不同分类

按交易模式不同,跨境电商可分为企业对企业（B2B）、企业对消费者（B2C）、消费者对消费者（C2C）、生产厂家对消费者（M2C）4 种类型,见表 1.1.2。

表 1.1.2　跨境电商按交易模式不同分类

交易模式	定义	代表性平台
B2B	B2B（Business-to-Business）是企业与企业之间通过互联网进行产品、服务及信息的交换； 跨境电商 B2B 指企业与企业之间在跨境电商平台上开展的交易活动	Alibaba.com global sources Made-in-China.com 中国制造网
B2C	B2C（Business-to-Consumer）是企业与消费者之间通过互联网进行产品、服务及信息的交换； 跨境电商 B2C 指企业与消费者之间在跨境电商平台上开展的交易活动	AliExpress amazon.com wish
C2C	C2C（Consumer-to-Consumer）是个人与个人之间通过互联网进行产品、服务及信息的交换； 跨境电商 C2C 指个人卖家与消费者之间在跨境电商平台上开展的交易活动	洋码头
M2C	M2C（Manufacturers to Consumer）即生产厂家对消费者，是指生产厂家直接对消费者提供自己生产的产品或服务的一种商业模式	川力网 3688.tv 全球厂家的直销平台

❓❓ 想一想

　　根据 B2B、B2C、C2C 三类业务模式的定义，查找资料，指出我国这三类代表性跨境电商平台还有哪些？
　　B2B 模式的跨境电商平台：_____
　　B2C 模式的跨境电商平台：_____
　　C2C 模式的跨境电商平台：_____

　　（3）按平台运营模式不同分类
　　根据跨境电商平台运营模式不同，跨境电商可分为自营平台模式、第三方平台模式、第三方 + 自营型模式三类，见表 1.1.3。

表 1.1.3 跨境电商根据平台运营模式不同分类

平台类型	优势	劣势	代表性平台
自营平台	1. 可以自主制订平台规则，打造个性化平台； 2. 可自由获取和利用平台上的第一手数据资源； 3. 客户一旦认可，流失率低	1. 入门较难，前期在人力、资金、技术上投入大； 2. 新平台需较长时间积累口碑和客户，出单较慢，早期资金压力大	LightInthebox.com 兰亭集势 OSELL大龙网 跨境电商B2B商机平台 CROSS-BORDER E-COMMERCE OPPORTUNITY-SEEKING B2B PLATFORM 网易考拉
第三方平台	1. 入门容易，平台店铺初始成本较低； 2. 基于平台自身的流量，店铺出单较快； 3. 在平台助力下运营和推广的难度有所降低	1. 受平台规则管理，一旦触犯规则，容易受到平台处罚，甚至封店； 2. 平台数据对卖家不完全透明，获取数据的成本较高； 3. 平台上产品、店铺之间竞争激烈，容易陷入价格战，降低利润率	Alibaba.com Global trade starts here. ebay amazon.com
第三方+自营型平台	平台方既有直营商品，又有其他商家入驻	平台直营店与入驻商家之间的竞争激烈	京东全球购 全球好物安心购

（4）按海关监管不同分类

按海关监管方式不同，跨境电商可分为一般跨境电商和保税跨境电商，见表 1.1.4。

表 1.1.4 跨境电商按海关监管方式分类

类别	特点	代表性平台
一般跨境电商	卖家在接到订单后将一般进出口货物（主要是小额进出口货物）运至海关，通过出入境申报清关，将商品通过国际物流配送至买家手中	Alibaba.com Global trade starts here. global sources Reliable exporters: find them and meet them Made-in-China.com 中国制造网
保税跨境电商	卖家预先将保税进出口货物运至跨境通关自贸区保税仓库，通过在线销售的方式，当买家在线订购后处理订单，完成入境申报，并清关后直接从保税仓库将商品通过快递发给买家	网易考拉 TMALL GLOBAL 天猫国际 聚美优品 JUMEI.COM

5. 跨境电商的发展历程

我国跨境电商的发展历程大致分为 1.0 萌芽期、2.0 发展期、3.0 爆发期、4.0 成熟期 4 个阶段。各个阶段的特征见表 1.1.5。

表 1.1.5　跨境电商的发展历程特征

阶段	时间	特征	代表企业
1.0 萌芽期	1999—2003 年	(1) 以企业黄页形式提供信息； (2) 收取会员费用	Alibaba.com global sources
2.0 发展期	2004—2012 年	(1) 线上交易模式出现； (2) 交易佣金替代"会员收费"模式	DHgate.com 敦煌网
3.0 爆发期	2013—2017 年	(1) 大型工厂上线； (2) B 类买家成规模； (3) 大型服务商加入； (4) 移动用户量爆发	AliExpress 全球速卖通 wish
4.0 成熟期	2018 年至今	(1) 大量支持政策发布； (2) 直播营销等模式兴起； (3) 线上线下相结合	SUNING INTERNATIONAL 苏宁国际 考拉海购 世界对我的偏爱

查一查

请上网查询资料，了解以下"大事件"发生的时间，并分析它属于跨境电商发展的哪个阶段。

大事件	时间	所属阶段
阿里巴巴速卖通上线		
环球资源网上线		
小红书上线		
天猫国际上线		

6. 跨境电商的发展趋势

(1) 跨境电商行业市场规模

海关统计数据显示，2017 年以来，我国跨境电子商务规模 5 年增长近 10 倍。2022 年，我国跨境电商进出口额达 2.11 万亿元，增长 9.8%，高于整体外贸进出口增速 2.1 个百分点，成为我国外贸高质量发展的有生力量和新的重要抓手。2022 年，"观研天下"发布《中国跨境电商行业发展现状 分析与投资前景研究报告 (2023—2030 年)》，从中可以看出跨境电商行业市场规模呈阶梯式递增。跨境电商在电商市场中有着举足轻重的地位，如图 1.1.3 所示。

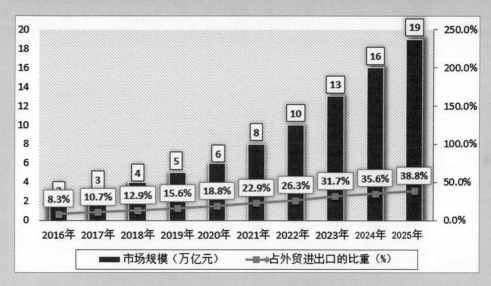

图 1.1.3　2016—2025 年我国跨境电商行业现状及前景分析

(2) 跨境电商行业发展趋势

目前，我国的跨境电商仍处于高速发展时期，政府也提供了各项利好政策，跨境电商的发展潜力巨大。如图 1.1.4 所示，该行业发展趋势主要体现在以下 4 个方面。

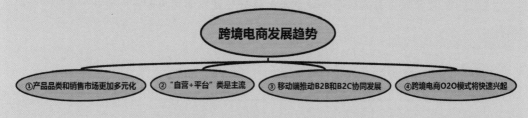

图 1.1.4　跨境电商的发展趋势

①商品品类和销售市场更加多元化。商品品类从服装服饰、3C 数码、家居园艺、珠宝、汽车配件、食品药品等便捷运输产品向家居、汽车等大型产品扩展；销售市场从以美国、英国、德国、澳大利亚为代表的成熟市场为主，逐步向俄罗斯、巴西、印度等新兴市场发展。

②"自营 + 平台"类成为主流。正品保障、价格趋势、物流体验、售后服务将是跨境电商企业的核心竞争领域。平台综合竞争力主要体现在产品丰富等方面，自营类企业综合竞争力

主要体现在正品保障、售后服务、响应迅速等方面。兼顾二者优势的"自营＋平台"类企业更有潜力成为未来跨境电商的发展方向。

③移动端推动 B2B 和 B2C 协同发展。从 B2B 方面，移动端跨境电商技术可以让跨国交易实现随时随地的无缝对接。而 B2C 方面，移动互联可以使消费者自由选购、随心购物，最大限度地拉动市场内需，提高跨境电商贸易成交率。因此，随着时间的推移，移动端将成为跨境电商发展的重要推动力。

④跨境电商 O2O 模式快速兴起。进口电商 O2O 模式将随着中国自贸区的获批迎来大发展。国内地产商、进出口贸易公司等积极布局自贸区商品展示中心，直接将海外优质产品落地自贸区，以线下展示、线上交易的模式参与进口电商。

活动实施

根据尚美服装有限公司的业务背景，请你替陈龙团队做出以下决策。

表 1.1.6　公司背景

企业名称	尚美服装有限公司
经营情况	公司地处广州市南沙自贸区内，现有员工 100 人左右，有自己独立的女装品牌，在国内有一定的知名度，也曾为国外二、三线品牌做过贴牌生产，主要生产中高档女装产品，有自己独立的产品设计团队，生产的女装不仅远销北美、欧洲，在国内自营的淘宝、天猫上也有一定的销量。公司主要利用中国进出口商品交易会（简称"广交会"）开拓客户，在展会上争取订单
公司目前存在的问题	公司是一家主营女装的传统出口型外贸企业。随着国外市场环境的变化，公司过度依赖的美国市场近期出现了需求下滑的现象，面对激烈的市场竞争和不太稳定的市场环境，公司的发展遇到了瓶颈，业务部在市场调查研究中发现，许多外贸公司顺应市场的变化，设立跨境电商部门，通过跨境电商平台转型开展跨境零售及批发业务，并取得了很好的业绩

（1）尚美服装有限公司是从事跨境电商比较好还是从事国内电商比较好？请写下你的选择和理由。

_____

_____

_____

（2）尚美服装有限公司适合做进口电商还是出口电商？请写下你的选择和理由。

_____

_____

_____

（3）尚美服装有限公司应选择哪种跨境电商模式？请写下你的选择和理由。

_____

_____

_____

（4）根据当前国际环境，请分析尚美服装有限公司开展跨境电商业务的可行性（提示：可能遇到的困难、解决办法等），并向你的同学、老师分享你的看法。

_____

_____

_____

※ 活动评价 ※

任务实施完成后，由团队负责人（组长）牵头开展自评及他评，完成任务评价表。

任务评价表

	成员	任务分工	组内表现 （五星互评）	自己的分工及表现 （自评）	组长评价 （他评）
任务 分工	成员 1		☆☆☆☆☆		
	成员 2		☆☆☆☆☆		
	成员 3		☆☆☆☆☆		
	成员 4		☆☆☆☆☆		
任务 总结					

活动 2　解读跨境电商政策

活动背景

陈龙团队在深入了解跨境电商行业的发展后，发现跨境电商政策的变动对跨境电商的发展颇具影响。自 2012 年以来，相继出台的一系列政策法规促进和监管着跨境电商的发展。陈龙意识到，公司要开展跨境电商业务，就必须关注相关政策，只有在政策的指导下才能更好地开展跨境电商业务。

🔲 知识准备

1. 我国跨境电商政策阶段分析

自 2012 年以来，我国相继出台了一系列的政策促进跨境电商的发展。总的来说，我国关于该行业的政策制定也经历了 4 个阶段，如图 1.1.5 所示 。

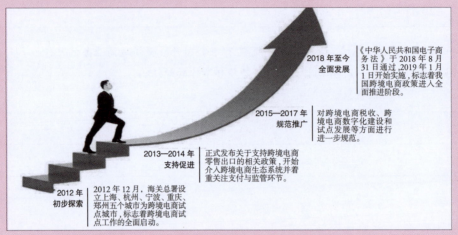

图 1.1.5 跨境电商政策制定阶段

各阶段部分政策文件见表 1.1.7 。

表 1.1.7 跨境电商各阶段部分国家政策

阶段	时间	发文主体	序号	政策（或文件）
初步探索	2012 年	海关总署	1	设立跨境贸易电子商务试点城市（上海、杭州、宁波、重庆、郑州）
支持促进	2013 年	财政部、国家税务总局	2	财政部 国家税务总局关于跨境电子商务零售出口税收政策的通知
	2013 年	国家外汇管理局	3	国家外汇管理局综合局关于开展支付机构跨境电子商务外汇支付业务试点的通知
	2014 年	海关总署	4	海关总署公告 2014 年第 12 号（关于增列海关监管方式代码的公告）
	2014 年	海关总署	5	海关总署关于跨境贸易电子商务进出境货物、物品有关监管事宜的公告
	2014 年	海关总署	6	海关总署公告 2014 年第 57 号（关于增列海关监管方式代码的公告）
规范推广	2015 年	国务院	7	关于同意设立中国（杭州）跨境电子商务综合试验区的批复
	2015 年	财政部、国家税务总局	8	关于中国（杭州）跨境电子商务综合试验区出口货物有关税收政策的通知
	2015 年	国家质检总局	9	关于加强跨境电子商务进出口消费品检验监管工作的指导意见
	2015 年	国家外汇管理局	10	关于开展支付机构跨境外汇支付业务试点的通知
	2016 年	海关总署关税征管司、加贸司	11	关于明确跨境电商进口商品完税价格有关问题的通知

续表

阶段	时间	发文主体	序号	政策（或文件）
规范推广	2016 年	国务院	12	国务院关于同意在天津等 12 个城市设立跨境电子商务综合试验区的批复
	2016 年	海关总署	13	海关总署关于加强跨境电子商务网购保税进口监管工作的通知
	2016 年	财政部、海关总署、国家税务总局	14	财政部 海关总署 国家税务总局关于跨境电子商务零售进口税收政策的通知
	2017 年	国家质检总局	15	质检总局关于跨境电商零售进出口检验检疫信息化管理系统数据接入规范的公告
	2017 年	商务部、中央网信办等 14 部门	16	商务部等 14 部门关于复制推广跨境电子商务综合试验区探索形成的成熟经验做法的函
全面发展	2018 年	国务院	17	国务院 关于同意在北京等 22 个城市设立跨境电子商务综合试验区的批复
	2018 年	海关总署	18	海关总署公告 2018 年第 179 号（关于实时获取跨境电子商务平台企业支付相关原始数据接入有关事宜的公告）
	2018 年	财政部、海关总署、国家税务总局	19	关于完善跨境电子商务零售进口税收政策的通知
	2018 年	财政部、税务总局、商务部、海关总署	20	关于跨境电子商务综合试验区零售出口货物税收政策的通知
	2018 年	海关总署	21	海关总署公告 2018 年第 27 号（关于规范跨境电子商务支付企业登记管理的公告）
	2018 年	全国人民代表大会常务委员会	22	中华人民共和国电子商务法
	2019 年	国家邮政局、商务部、海关总署	23	国家邮政局 商务部 海关总署关于促进跨境电子商务寄递服务高质量发展的若干意见（暂行）
	2019 年	国家税务总局	24	国家税务总局关于跨境电子商务综合试验区零售出口企业所得税核定征收有关问题的通告
	2020 年	海关总署	25	海关总署公告 2020 年第 75 号（关于开展跨境电子商务企业对企业出口监管试点的公告）
	2020 年	海关总署	26	海关总署公告 2020 年第 92 号（关于扩大跨境电子商务企业对企业出口监管试点范围的公告）
	2021 年	海关总署	27	海关总署公告 2021 年第 47 号（关于在全国海关复制推广跨境电子商务企业对企业出口监管试点的公告）
	2021 年	国务院办公厅	28	国务院办公厅关于加快发展外贸新业态新模式的意见
	2021 年	商务部、中央网信办、国家发展改革委	29	"十四五"电子商务发展规划
	2022 年	国家发展改革委	30	"十四五"现代流通体系建设规划

⊙填一填⊙

　　根据表 1.1.7，请完成下列内容的填写。

　　（1）目前跨境电商的发文主体有 _____

_____ 等多个部门。

　　（2）目前跨境电商的政策涉及跨境电商外汇、支付、税收、物流以及监管等领域，请你阅读表 1.1.7 中的政策，按政策内容进行分类，将表中政策对应的序号填写到下表中：

涉及领域	相关政策文件（写表 1.1.7 中对应的序号）	发文主体
跨境电商外汇		
跨境电商支付		
跨境电商税收		
跨境电商物流		
跨境电商监管		
其他领域		

2. 我国跨境电商监管制度

（1）跨境电商进口税收监管

跨境电商进口涉及的税收主要包括以下 3 个：

①行邮税。行邮税是海关对个人携带、邮递进境物品的关税、进口环节增值税和消费税合并征收的进口税。课税对象包括入境旅客、运输工具、服务人员携带的应税行李物品、个人邮递物品、馈赠物品以及以其他方式入境的个人物品等。

②跨境电商综合税。2016 年 3 月 24 日，财政部、海关总署、国家税务总局联合发布《关于跨境电子商务零售进口税收政策的通知》，对跨境电商零售进口税收政策进行了调整，并从 2016 年 4 月 8 日开始执行（简称"四八新政"）。在新政策下，跨境电商零售进口商品不再征收行邮税，改为征收跨境电商综合税（包括关税、增值税、消费税）。

③个人进口关税。跨境进口税一般需缴纳行邮税或跨境电商综合税，但超限额无法走跨境电商进口税的部分则按个人进口关税处理，具体如图 1.1.6 所示。

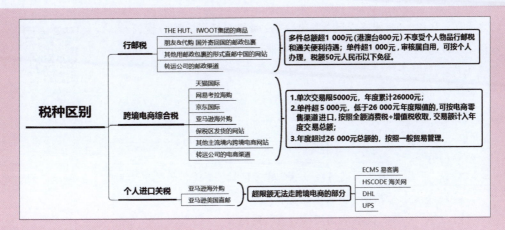

图 1.1.6 跨境电商进口税种区别

通过表 1.1.8 所呈现的我国近年来跨境电商零售进口征税政策,可进一步了解我国跨境电商进口税收政策的变化过程。

表 1.1.8 跨境电商零售进口征税政策对比表

税种	行邮税	跨境电商综合税			
		2016 年 4 月	2018 年 5 月	2019 年 1 月	2019 年 4 月
单次交易限值	1 000 元（港澳台地区为 800 元）	2 000 元	2 000 元	5 000 元	5 000 元
年度交易限值	无	20 000 元	20 000 元	26 000 元	26 000 元
单件不可分割且超出单次交易限值的商品	按行邮税征税	按一般贸易方式全额征税	按一般贸易方式全额征税	按一般贸易方式全额征税	按一般贸易方式全额征税
应征税率	视商品种类分为 15%、30% 和 60%	关税：暂设为 0% 增值税：11.9%（17%×70%） 消费税：商品种类的税率 70%	关税：暂设为 0% 增值税：11.2%（16%×70%） 消费税：商品种类的税率 70%	关税：暂设为 0% 增值税：11.2%（16%×70%） 消费税：商品种类的税率 70%	关税：暂设为 0% 增值税：9.1%（13%×70%） 消费税：商品种类的税率 70%
应征税额 50 元以下（含 50 元）	免征	不免征	不免征	不免征	不免征

🔍 查一查

2016年财政部、海关总署、国家税务总局发布我国跨境电子商务零售进口税收新政策,自2016年4月8日起,跨境电商零售进口商品的单次交易限值为人民币2 000元,个人年度交易限值为人民币20 000元。也就意味着每人每年"海淘"的额度为20 000元,超出部分将要缴纳严格的关税。

2017年9月,《法制晚报》发布了一篇名为《谁盗用了我的 2 万元"海淘"额度》

的文章。文章指出，有很多人的"海淘"额度被冒名领用购买跨境商品，以逃避税收。请扫描二维码查阅相关资料，结合广泛调查，了解该类事件并完成以下任务：

1. 写下你对该类事件的看法。

刘先生经历了：＿＿＿＿＿＿＿＿＿＿＿＿＿＿＿＿＿＿

刘先生的维权手段：＿＿＿＿＿＿＿＿＿＿＿＿＿＿＿＿

对我们的启示：＿＿＿＿＿＿＿＿＿＿＿＿＿＿＿＿＿＿

2. 登录"中华人民共和国海关总署"官方网站，查询你的"跨境年度个人额度"。

"跨境年度个人额度"查询步骤如下：

（1）登录"中华人民共和国海关总署"网站。

（2）点击"互联网＋海关"。

（3）找到"我要查"，点击"跨境年度个人额度查询"。

（4）输入个人相关信息资料进行查询。

3. 将你的查询结果记录下来：＿＿＿＿＿＿＿＿＿＿＿＿

＿＿＿＿＿＿＿＿＿＿＿＿＿＿＿＿＿＿＿＿＿＿＿＿＿＿

4. 将你的查询过程分享给你身边的亲朋好友，并向他们介绍当前最新的"跨境年度个人额度"政策。

（2）跨境电商出口税收监管

①跨境电商零售出口的政策。2013年8月，商务部、国家发展和改革委员会等9个部门出台了《关于实施支持跨境电子商务零售出口有关政策的意见》，首次将跨境电商零售出口纳入海关出口贸易统计。

2013 年 12 月，财政部和国家税务总局出台了《关于跨境电子商务零售出口税收政策的通知》，规定了跨境电商出口企业出口货物使用增值税、消费税退（免）税政策的条件，发布了出口货物的退（免）税事项，提出了外贸综合服务企业以自营方式出口国内生产企业与境外单位或个人签约的出口物品，在规定情形下可由外贸综合服务企业按自营出口的规定申报退（免）税。

②9610、9710/9810、1210 阳光模式。9610：跨境电子商务零售出口业务的海关监管方式代码为"9610"，该监管方式全称"跨境贸易电子商务"，简称"电子电商"，适用于境内个人或电子商务企业通过电子商务交易平台实现交易，并采用"清单核放、汇总申报"模式办理通关手续的电子商务零售进出口商品。9610 出口跨境电商流程如图 1.1.7 所示。

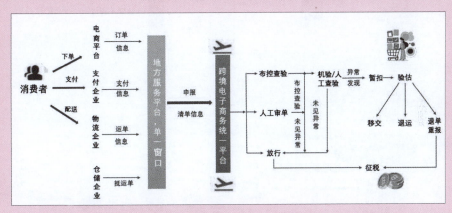

图 1.1.7　9610 出口跨境电商流程图

满足以下条件，实行免征不退：

a. 电子商务出口企业已办理税务登记；

b. 出口货物取得海关签发的出口货物报关单；

c. 购进出口货物取得合法有效的进货凭证。

9710/9810：境内企业通过跨境物流将货物运送至境外企业或海外仓，并通过跨境电商平台完成交易的贸易形式。

跨境电商按照经营模式可分为两种模式：跨境电商 B2B 直接出口监管方式代码为"9710"，出口海外仓海关监管方式代码为"9810"。

跨境电商"9710""9810"出口退税暂时没有单独的政策文件，可参照一般贸易出口货物退税政策办理出口退税，也同样不适用跨境电子商务综合试验区零售出口货物增值税、消费税"无票免税"政策，具体如图 1.1.8 所示。

1210：全称"保税跨境贸易电子商务"，简称"保税电商"，适用于境内个人或电子商务企业在经海关认可的电子商务平台实现跨境交易，并通过海关特殊监管区域或保税监管场所进出的电子商务零售进出境商品。

1210 模式相当于境内企业把生产出的货物存放在海关特殊监管区域或保税监管场所的仓库中，即可申请出口退税，之后按照订单由仓库发往境外消费者。目前比较成熟的是保税进口模式，如图 1.1.9 所示。

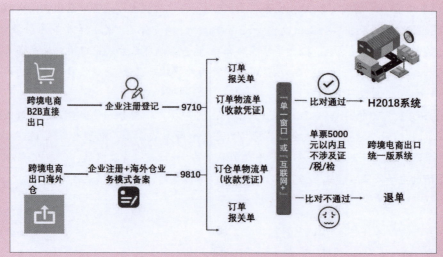

图 1.1.8　9710/9810 跨境电商出口流程图

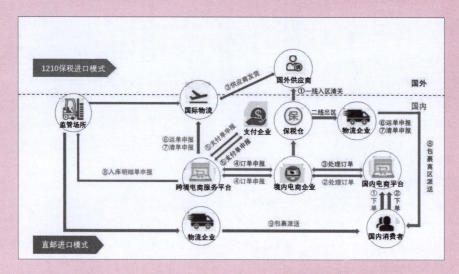

图 1.1.9　1210 保税进口流程图

目前，我国跨境电商零售网购保税进口业务试点城市一共有132个，具体如表1.1.9所示。

表 1.1.9　跨境电商零售网购保税进口业务试点城市（海关监管方式代码 1210）

序号	实施时间	试点城市	数量／个
1	2015 年 3 月	杭州	1
2	2016 年 1 月	宁波、天津、上海、重庆、合肥、郑州、广州、成都、大连、青岛、深圳、苏州	12
3	2018 年 7 月	北京、呼和浩特、沈阳、长春、哈尔滨、南京、南昌、武汉、长沙、南宁、海口、贵阳、昆明、西安、兰州、厦门、唐山、无锡、威海、珠海、东莞、义乌	22

续表

序号	实施时间	试点城市	数量/个
4	2019 年 12 月	石家庄市、太原市、赤峰市、抚顺市、珲春市、绥芬河市、徐州市、南通市、温州市、绍兴市、芜湖市、福州市、泉州市、赣州市、济南市、烟台市、洛阳市、黄石市、岳阳市、汕头市、佛山市、泸州市、海东市、银川市	24
5	2020 年 4 月	雄安新区、大同市、满洲里市、营口市、盘锦市、吉林市、黑河市、常州市、连云港市、淮安市、盐城市、宿迁市、湖州市、嘉兴市、衢州市、台州市、丽水市、安庆市、漳州市、莆田市、龙岩市、九江市、东营市、潍坊市、临沂市、南阳市、宜昌市、湘潭市、郴州市、梅州市、惠州市、中山市、江门市、湛江市、茂名市、肇庆市、崇左市、三亚市、德阳市、绵阳市、遵义市、德宏傣族景颇族自治州、延安市、天水市、西宁市、乌鲁木齐市	46
6	2021 年 3 月	跨境电商零售进口试点扩大至所有自贸试验区、跨境电商综试区、综合保税区、进口贸易促进创新示范区、保税物流中心（B 型）所在城市（及区域）	
7	2022 年 1 月	鄂尔多斯市、扬州市、镇江市、泰州市、金华市、舟山市、马鞍山市、宣城市、景德镇市、上饶市、淄博市、日照市、襄阳市、韶关市、汕尾市、河源市、阳江市、清远市、潮州市、揭阳市、云浮市、南充市、眉山市、红河哈尼族彝族自治州、宝鸡市、喀什地区、阿拉山口市	27

活动实施

一、学习党的二十大，把握跨境电商行业发展的趋势。

阅读党的二十大报告相关材料，画出与跨境电商相关的句子。

加快建设贸易强国

党的十八大以来，以习近平同志为核心的党中央把握时代大势，顺应历史潮流，统筹国内国际两个市场、两种资源，推进高水平对外开放，我国对外贸易取得历史性成就。我国货物贸易、服务贸易分别跃居全球第一位和第二位，货物与服务贸易总额连续两年位居全球第一位，贸易大国地位进一步巩固，贸易结构不断优化，贸易效益显著提升，正在向贸易强国迈进。过去我国经济腾飞离不开贸易带动作用，未来贸易仍将是我国经济高质量发展的重要动力。建设贸易强国是全面建设社会主义现代化国家的必然要求，具有重大而深远的意义。

习近平总书记强调，新发展格局绝不是封闭的国内循环，而是开放的国内国际双循环。构建新发展格局，要求以国内大循环为主体、国内国际双循环相互促进，一方面内循环率引外循环，塑造我国参与国际经济合作和竞争新优势，另一方面外循环促进内循环，在参与国际循环中提升国内大循环效率和水平，实现内外循环的顺畅联通。对外贸易是我国开放型经济的重要组成部分，是经济增长的"三驾马车"之一，是畅通国内国际双循环的关键枢纽。

摘自《人民日报》2022 年 12 月 20 日

党的二十大报告强调我国要大力建设贸易强国，请讨论"贸易强国"和"贸易大国"有何区别，在建设"贸易强国"的过程中，跨境电商哪些行业或品类会有更大的发展机遇？

_____

_____

二、查询近三年来国家发布的与跨境电商关系最密切的 5 项政策。

步骤 1：登录"中华人民共和国海关总署""中华人民共和国中央人民政府""中华人民共和国商务部"等网站，以"跨境电商"为关键词，查询近年来国家发布的有关跨境电商政策。

例如"中华人民共和国商务部"政策查询步骤。

（1）登录中华人民共和国商务部网站，选择"政务公开"，如图 1.1.10 所示。

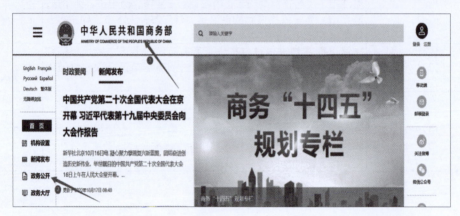

图 1.1.10　登录官方网站并选择"政务公开"

（2）选择"政策发布"，如图 1.1.11 所示。

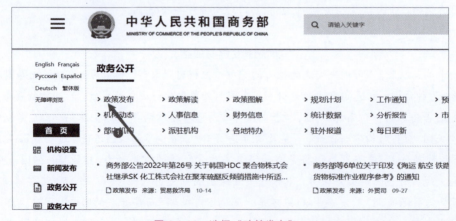

图 1.1.11　选择"政策发布"

（3）在搜索框内输入关键词"跨境电商"进行查阅，如图 1.1.12 所示。

图 1.1.12 搜词查阅

步骤 2：仔细阅读近 3 年来的相关政策，按要求选择 5 条政策，完成表 1.1.10 的填写。

表 1.1.10 调研跨境电商相关政策

时间	政策颁布部门	政策名称	政策主要内容

步骤 3：根据尚美服装有限公司的业务，请为陈龙团队分析以下内容：

（1）尚美服装有限公司进入该行业的时机_____（合适 / 不合适）；

（2）尚美服装有限公司进入该行业的前景_____（好 / 不好）；

（3）政府对该行业_____（支持 / 不支持）。

※ 活动评价 ※

任务实施完成后，由团队负责人（组长）牵头开展自评及他评，完成任务评价表。

任务评价表

	成员	任务分工	组内表现（五星互评）	自己的分工及表现（自评）	组长评价（他评）
任务分工	成员 1		☆ ☆ ☆ ☆ ☆		
	成员 2		☆ ☆ ☆ ☆ ☆		
	成员 3		☆ ☆ ☆ ☆ ☆		
	成员 4		☆ ☆ ☆ ☆ ☆		
任务总结					

任务2 》》》》》》
创业前的准备

任务情境

尚美服装有限公司决定为新成立的跨境电商团队招募工作人员,不过在招募之前,公司首先需要了解跨境电商各岗位的需求情况,然后据此招募合适的人才进入团队开展跨境电商业务。陈龙开始对跨境电商的岗位需求开展调查。

任务分解

招募合适人才进入团队开展跨境电商业务,需要依次完成以下两个工作任务:
(1)认识跨境电商岗位;
(2)组建跨境电商团队。

活动1 认识跨境电商岗位

活动背景

公司在开展跨境电商业务之前,陈龙协助张经理做好招聘人员的准备,确定部门需要招聘的人数及岗位。陈龙首先要了解一个跨境电商部门的人员组成和岗位需求,然后根据实际情况制订具体的招聘计划。

回 知识准备

1. 跨境电商行业的岗位分类

跨境电商行业的岗位主要分为管理岗位、业务岗位和技术岗位,如图 1.2.1 所示。

管理岗位	业务岗位	技术岗位
·运营经理 ·跨境物流经理 ·生产(供应链)主管	·产品专员 ·客服专员 ·市场推广专员	·美工设计员 ·图文编辑师 ·网络开发与设计人员

图 1.2.1 跨境电商岗位需求结构

跨境电商行业管理、业务、技术岗位各有代表性工作,从市场需求来看,三个岗位上运营、客服、美工的市场需求量最大,它们各自的典型工作职责见表 1.2.1。

表 1.2.1 跨境电商岗位及主要职责

岗位名称	主要职责
运营（管理岗位）	掌握跨境电商平台的政策，对市场、竞争对手及消费者喜好进行调研； 负责选品，根据销售情况调整和优化店铺产品； 负责上架产品，根据产品的销售情况，不断优化详情页、主图、标题等； 负责店铺的营销与推广，制订店铺的运营策略等
客服（业务岗位）	解答客户咨询，能有效使用邮件等工具，能用外语熟练地与客户进行有效的沟通交流； 处理订单，负责产品后台订单处理，合理安排发货时间； 维护客户关系，及时更新客户信息，定期安排客户回访并做好相关记录等
美工（技术岗位）	负责图片的拍摄与处理，优化产品的表达效果； 编撰产品详情页，美化产品基本信息、产品介绍、图文信息等

查一查

请自主查找资料，了解跨境电商行业除表 1.2.1 所列出的岗位之外，还有哪些你感兴趣的岗位，并将其岗位的职责记录下来：

岗位①：＿＿＿＿＿＿＿＿＿＿＿＿＿＿＿＿＿＿＿

岗位①的主要职责：＿＿＿＿＿＿＿＿＿＿＿＿＿＿＿

＿＿＿＿＿＿＿＿＿＿＿＿＿＿＿＿＿＿＿＿＿＿＿＿＿

＿＿＿＿＿＿＿＿＿＿＿＿＿＿＿＿＿＿＿＿＿＿＿＿＿

岗位②：＿＿＿＿＿＿＿＿＿＿＿＿＿＿＿＿＿＿＿

岗位②的主要职责：＿＿＿＿＿＿＿＿＿＿＿＿＿＿＿

＿＿＿＿＿＿＿＿＿＿＿＿＿＿＿＿＿＿＿＿＿＿＿＿＿

2. 跨境电商企业岗位层次

根据跨境电商岗位能力要求的程度不同，可以将跨境电商企业的主要岗位分为初级、中级、高级 3 个层次，如图 1.2.2 所示。

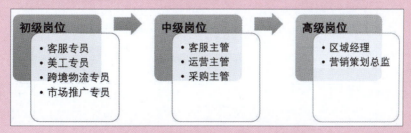

图 1.2.2 跨境电商企业岗位层次

（1）初级岗位

初级岗位的人员需要掌握跨境电商的基本技能，对跨境电商的流程有所了解，并能够处理一般性事务，是基础型人才。具体来说，初级岗位主要包括客服专员、美工专员、平台操作专员、市场推广专员、跨境物流专员、报关员等岗位。

（2）中级岗位

中级岗位的人员需要熟悉跨境电商业务并对现代商务活动有一定了解，要掌握跨境电商的基础知识，是懂得跨境电商能做什么的新型专业人才。中级岗位主要包括市场运营管理、采购与供应链管理、国际结算管理等。

（3）高级岗位

高级岗位的人员要对电子商务前沿理论有清楚的认识，具有前瞻性思维，将跨境电商的经营上升至战略层次，能把握跨境电商的特点和发展规律，并能够引领跨境电商产业向前发展。

活动实施

学生以2～3人为一个小组展开合作探究，选择一个招聘工作的网站，如智联招聘、BOSS直聘、前程无忧等网站，浏览你感兴趣的岗位的招聘信息，共同调查该岗位在深圳、杭州、义乌等跨境电商较为发达的城市的人才需求状况，以及自己所在城市的人才需求状况，完成表1.2.2。学生结合自身情况，明确自己想要从事的岗位和未来努力的方向。

表1.2.2　跨境电商人才需求调研表

	工作城市	薪资	工作内容	能力要求
招聘网站 （　　）	深圳	岗位： 薪资：		
	杭州	岗位： 薪资：		
	义乌	岗位： 薪资：		
	（　　）	岗位： 薪资：		
认识岗位	从调研的范围来看，（　　　　）城市的需求量较大。（　　　　）城市的工资较高。 总结、归纳你所调研的（　　　　）岗位存在哪些共性工作内容和能力要求： _____ _____ _____			

续表

从业意愿	你愿意从事跨境电商的（　　　　　　）岗位。 你从事该岗位的优势有：_____ _____ 你从事该岗位的劣势有：_____ _____ 未来努力的方向：_____ _____

※ 活动评价 ※

任务实施完成后，由团队负责人（组长）牵头开展自评及他评，完成任务评价表。

任务评价表

	成员	任务分工	组内表现 （五星互评）	自己的分工及表现 （自评）	组长评价 （他评）
任务分工	成员 1		☆☆☆☆☆		
	成员 2		☆☆☆☆☆		
	成员 3		☆☆☆☆☆		
	成员 4		☆☆☆☆☆		
任务总结					

活动 2　组建跨境电商团队

活动背景

陈龙在了解了跨境电商岗位设置与工作职责后，与部门同事共同确定了团队成员的分工，正式组建了跨境电商团队，并着手按各自的分工，开启了岗位培训，有针对性地提升自己的职业能力。

回 知识准备

跨境电商相关工作是一项综合性很强的工作，从事该行业的人员需要同时具备国际贸易知识、电子商务知识和商务外语知识，这样才能满足行业的需求。具体来说，跨境电商人才应具备的相关专业职业能力见表 1.2.3。

表 1.2.3　跨境电商行业人才职业能力要求

类目	具体要求
职业能力	良好的外语沟通能力，能够与客户正常沟通，处理订单问题； 具有较好的市场策划能力，有效制订店铺的营销、推广活动； 具有一定的市场分析能力，能分析市场和收集竞争对手状况； 熟悉平台软件和操作工具的能力，能巧妙利用工具和软件开展工作； 具有一定的图片编辑能力，能合理设计、上传、编辑产品的信息和图片
知识储备	市场营销知识：市场分析、市场策略、市场营销等相关知识； 电子商务知识：懂得平台规则、电商法规、产权专利等相关知识； 物流管理知识：熟悉跨境物流、货代处理、仓库管理等相关知识； 国际贸易知识：了解外贸流程、商检报关、税收等相关知识

　　跨境电商人才除了职业的专业能力要求，还应该具备相应的职业道德、敬业精神等职业素养，职业素养包括良好的职业道德、吃苦耐劳的职业精神，以及服务客户的职业意识等，具体如图 1.2.3 所示。

良好的职业道德	遵纪守法、恪守信用、不售假货或伪劣商品、不侵犯知识产权
吃苦耐劳的精神	脚踏实地、埋头苦干、任劳任怨
服务客户的意识	客户至上、积极主动为客户提供优质服务

图 1.2.3　跨境电商人才职业素养

活动实施

　　在明确了跨境电商相关岗位的岗位设置、能力要求后，尝试寻找志同道合的队友，组建跨境电商创业团队，完成团队人员配置及分工，为后期展开跨境电商创业体验活动做准备。

　　步骤 1：组建一个 3～5 人的创业团队。每位团队成员需向整个团队介绍自己的优势和专长，以及在未来的模拟创业任务中自己可以发挥的作用，例如制作 PPT、收集资料、上台发言、统筹分工、汇总评价等。

　　步骤 2：团队组建成功后，请召开一次团队会议，在会议上共同决定团队的名称，设计团队的 Logo 和标志性的团队口号，并完成团队的具体分工（表 1.2.4）。

　　步骤 3：团队共同设计一份"加入团队承诺书"，简单列明所有小组成员在未来完成小组活动时需共同遵守的规则，并邀请每位成员在承诺书上签名。

表 1.2.4 组建创业团队

团队名称			
团队 Logo			
团队口号			
岗位设置	成员安排	成员优势	具体分工
加入团队承诺书			
我承诺，在接下来的团队活动中，我将主动、积极地完成个人负责的团队任务……（请补充完整） 签名：			

※ 活动评价 ※

任务实施完成后，由团队负责人（组长）牵头开展自评及他评，完成任务评价表。

任务评价表

	成员	任务分工	组内表现 （五星互评）	自己的分工及表现 （自评）	组长评价 （他评）
任务 分工	成员 1		☆ ☆ ☆ ☆ ☆		
	成员 2		☆ ☆ ☆ ☆ ☆		
	成员 3		☆ ☆ ☆ ☆ ☆		
	成员 4		☆ ☆ ☆ ☆ ☆		
任务 总结					

项目检测

1. 单选题

（1）（   ）不属于跨境电商初级岗位。

  A. 客服专员 B. 运营主管   C. 美工专员   D. 市场推广员

（2）（   ）不是运营岗位的主要职责。

  A. 产品推广 B. 熟悉平台政策规则 C. 选品、定价   D. 图片美化

（3）技术类岗位包括（   ）。

  A. 美工设计员 B. 客服专员   C. 运营经理   D. 报关员

（4）跨境电商的交易主体分属不同的（   ）。

  A. 海关境界 B. 国家   C. 地区   D. 口岸

（5）（   ）是最典型的跨境 B2B 电子商务平台。

  A. 天猫网   B. 兰亭集势   C. 阿里巴巴国际站 D. 海淘贝

2. 多选题

（1）按照需求结构不同，跨境电商岗位可以分为（   ）。

  A. 管理岗位 B. 运营岗位   C. 业务岗位   D. 技术岗位

（2）属于图文编辑岗位的工作职责的有（   ）。

  A. 图片的处理   B. 数据及图片上传

  C. 和客户及时沟通   D. 解答客户咨询

（3）跨境电商职业通用能力有（   ）。

  A. 熟练地使用英语进行沟通 B. 掌握国际贸易知识和流程

  C. 具有跨文化交际能力   D. 熟悉基本办公软件

（4）跨境电商运营岗位的主要职责包括（   ）。

  A. 图片的处理   B. 解答客户咨询

  C. 编辑产品详情页   D. 处理各种争议纠纷

（5）跨境电商人才的职业专门能力包括（   ）。

  A. 网点选品、定价   B. 图片处理

  C. 掌握国际贸易知识和流程 D. 国际船务和货代处理

3. 判断题

（1）按业务模式的不同划分，"速卖通"属于最为典型的跨境 B2B 电子商务平台。

                            （ ）

（2）自营型平台的盈利模式主要是赚取商品差价，即利润。   （ ）

（3）我国现在正处于跨境电商的 2.0 阶段，仍需不断努力。   （ ）

（4）跨境电商和传统外贸本质上是一样的，并没有太大的区别。 （ ）

（5）跨境电商的回款周期比传统外贸的回款周期要短。   （ ）

4. 简答题

（1）我国跨境电商发展经历了哪几个发展阶段？

（2）跨境电商的从业者需要具备哪些通用职业能力？

项目 2
筹备跨境电商出口项目

▣ 项目综述

陈龙在了解了跨境电商的发展、前景、就业岗位之后，觉得利用跨境电商平台开展跨境出口业务是一个重要的发展机会。一方面，公司产品品类丰富，价格在国际市场上也有着非常明显的优势，很多产品都适合在平台销售；另一方面，公司在运营国内电商销售平台的过程中，也积累了一定的网络店铺运营经验并招揽了一些人才。此时增设跨境电商部门，拓展新的销售渠道，于公司而言可能是最好的时机。于是，陈龙将自己了解到的结果汇报给市场部张经理。

张经理在听了陈龙的建议后，决定放手大干一场，并鼓励团队成员尽快筹备出口跨境电商项目。接下来，团队将面临更多的具体问题需要解决。跨境电商平台众多，哪些平台更适合本公司商品的销售？有了店铺之后，选择上架什么商品才能尽快带来订单？这些商品除了来自本公司生产部，还有没有其他、更好的供货渠道？只有解决了这些问题，团队的实质性工作才算是迈出了第一步。

▣ 项目目标

通过本项目的学习，应达到的具体目标如下：

素质目标

◇通过开展平台、选品调研，养成科学、客观、严谨的研究态度；

◇工作中严格做到不触犯平台规则、法律规则，重视底线教育。

知识目标

◇了解当前主要跨境电商出口平台，并能简单描述其特点；

◇了解选品的原则和工具；

◇了解主要货源渠道。

能力目标

◇能结合自身情况选择合适的跨境电商平台进行创业；

◇能够利用速卖通平台选品专家工具开展数据化选品；

◇能够根据公司需要，在线上与线下调研和寻找货源。

▣ 项目思维导图

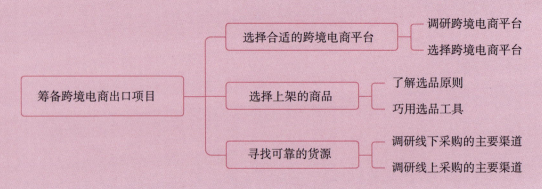

筹备跨境电商出口项目
- 选择合适的跨境电商平台
  - 调研跨境电商平台
  - 选择跨境电商平台
- 选择上架的商品
  - 了解选品原则
  - 巧用选品工具
- 寻找可靠的货源
  - 调研线下采购的主要渠道
  - 调研线上采购的主要渠道

任务1 »»»»»»
选择合适的跨境电商平台

任务情境

对新手卖家而言, 选择电商平台往往是首先需要解决的问题之一, 它影响着店铺运营方法、推广策略、物流模式和支付方式的选择。在前期的调研中, 陈龙已经对跨境电商出口平台的模式有了整体认知, 接下来, 他需要进一步了解平台间的异同, 并根据现有资源做出最佳判断, 选择最适合自己的跨境平台。

任务分解

为企业选择合适的跨境电商平台, 需要依次完成以下两个工作任务:
(1) 调研跨境电商平台;
(2) 选择合适的跨境电商平台。

活动1　调研跨境电商平台

活动背景

陈龙在进行跨境电商平台调研时, 首先要全面了解当前全球跨境电商平台的分布及发展情况, 并充分了解各平台的进入门槛、发展趋势、影响力以及其成本差异、市场差异和商品差异; 然后选择适合自己行业、自己商品、自己运营能力的电商平台, 只有适合自己公司的平台才是好平台。

□ 知识准备

全球范围内跨境电商平台众多,每个跨境电商平台都有自己的定位、特点、行业优势和客户群体。选对了创业平台才能达到事半功倍的效果。陈龙在做出正确的平台选择之前,必须对全球跨境电商平台进行调研。

1. 跨境电商平台在全球的分布情况

近年来,跨境电商在全球发展迅速,许多国家和地区都形成了具有一定全球影响力的跨境电商平台。

(1)亚洲主要跨境电商平台

亚洲电商市场上互联网用户增长迅速,买家非常活跃,最关键的是目前该区域成熟的电商平台数量不多,多为一些新兴电商平台,竞争相对不激烈,市场前景广阔,被认为是面向全球卖家的蓝海市场。目前,亚洲有影响力的跨境电商平台有以下 9 个:

·AliExpress:号称国际版的淘宝,是中国最大的跨境电商平台之一。

·SHEIN:总部位于中国江苏省南京市,是一家专注于女性快时尚的跨境 B2C 互联网企业。

·DHgate:中国首个为中小企业提供 B2B 网上交易的网站。

·Ozon:俄罗斯最大的电商公司,常被称为"俄罗斯亚马逊"。

·Yandex:俄罗斯重要网络服务门户之一,也是俄罗斯拥有用户最多的网站。

·Umka:俄语地区最大的中国商品在线购物网站之一。

·Rakuten:乐天株式会社旗下的 B2B、B2C 购物平台,是目前日本最大的在线购物网站。

·Lazada:东南亚电商平台中的佼佼者,是当地领先的一站式在线购物平台。

·Shopee:总部位于新加坡,拥有非常齐全的商品种类。

(2)美洲主要跨境电商平台

美洲市场是当前跨境电商卖家的必争之地,竞争十分激烈。其拥有非常成熟、优质的买家群体,为全球卖家提供了巨大的市场机遇。美洲市场以美国、加拿大、巴西、墨西哥四国市场为主。美洲有影响力的跨境电商平台有以下 6 个:

·Amazon:美国乃至全球最大的电子商务公司。

·Wish:总部位于硅谷,中国卖家居多,也是北美和欧洲最大的移动电商平台。

·eBay:一个可让全球民众在线上拍卖及购物的平台。

·Walmart(沃尔玛官网):由全球最大零售超市沃尔玛创立的电商平台。

·MercadoLivre(巴西 C2C 平台):巴西本土最大的 C2C 平台。

·Linio(拉丁美洲版亚马逊):总部位于墨西哥,是拉丁美洲地区最大的电商平台。

(3)欧洲主要跨境电商平台

欧洲多数国家的经济发展水平高,跨境电商市场规模大,买家群体优质、规模庞大,是许多中国卖家最看重的市场之一。欧洲有影响力的跨境电商平台有以下 7 个:

·Cdiscount:目前法国最大的电子商务平台。

·La Redoute:法国家喻户晓的时装和家居用品电商网站。

·Otto:总部位于德国汉堡,是德国第二大电子商务公司。

·Allegro：波兰最大的电商平台，欧洲第五大网上交易市场。

·Rakuten.co.uk：英国第三大在线电商平台。

·TESCO：英国排名第一的日用杂货和普通商品零售商转型线上，发展迅猛。

·Zalando：欧洲最大的网上时装零售商。

（4）大洋洲主要跨境电商平台

大洋洲市场主要指澳大利亚市场，该区域互联网和手机的普及率为全球第三，网上购物的习惯已经建立。同时，该区域买家群体消费能力强，本土电商竞争不激烈，缺点是人口数量有限。大洋洲有影响力的跨境电商平台有以下两个：

·GraysOnline：大洋洲最大的工业和商业在线拍卖公司，也是澳大利亚网购全新或二手电子产品和家电的热门网站；

·Trademe：新西兰最大电商平台，相当于中国的淘宝网。

（5）非洲主要跨境电商平台

非洲地区的商品多依赖于进口，其中进口的多数商品来自中国。该地区的网络、物流等基础设施落后，消费者网络购物的习惯还未形成，国际性的跨境电商平台较少，以本土的跨境电商平台为主，买家也集中在经济相对发达的地区。但非洲由于有着快速的人口增长，被认为是跨境电商的一片蓝海。非洲有影响力的跨境电商平台有以下4个：

·Jumia：非洲电商巨头，也是非洲第一家"独角兽"公司。

·Kilimall：2014年由中国人在肯尼亚创办，目前是非洲第二大电商平台。

·Konga：尼日利亚访问量最大的电商平台。

·Tospino：加纳近一年的用户都是Tospino跨境电商平台的忠实用户。

🔍查一查

请自主查找资料，从全球跨境电商平台中选择一个你感兴趣的平台，进一步了解该平台的发展与特点。

平台名称：_____　　官方网址：_____

成立时间：_____　　所属国家：_____

目前规模：_____

主要目标市场：_____

可销售的商品类目：_____

平台的特点：_____

2. 主流跨境电商出口平台

（1）亚马逊（Amazon）

亚马逊是全球商品种类齐全的全品类电商平台之一，成立于1995年，是美国最大的一家网络电子商务公司之一，也是网络上最早开始经营电子商务的公司之一。亚马逊平台首页如图2.1.1所示。

亚马逊一开始只开展网络书籍销售业务，现在则扩及了范围相当广的其他产品，已成为全球商品品种最多的全品类电商平台和全球第二大互联网企业。

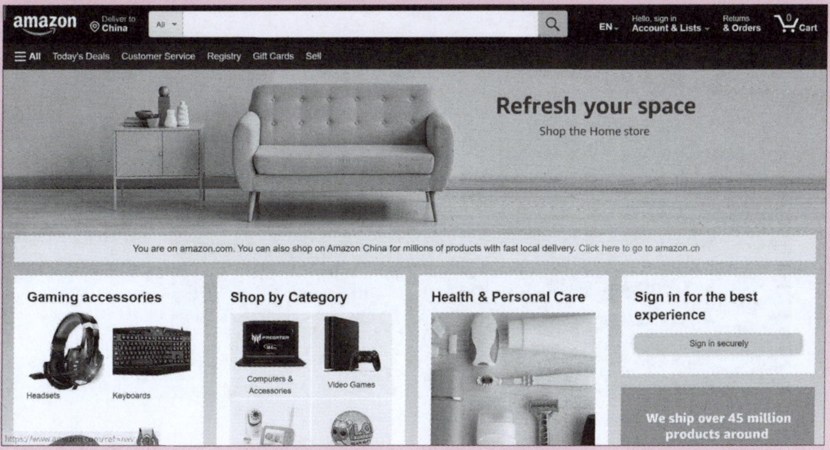

图 2.1.1　亚马逊平台首页

优势：

①平台拥有全球 4 亿活跃用户，平台成熟，用户多来自发达国家，对价格不敏感；

②亚马逊具有突出的物流优势，可为卖家提供海外仓服务，能依托自有 FBA 仓储服务，为卖家提供高效、有保障的物流服务；

③国际货源丰富，消费者可享受来自全球的各类商品，是品类选择最多的电商平台。

劣势：

①由于亚马逊站点多，入驻的商家也越来越多，竞争激烈；

②开店门槛高，注册店铺难度大，有一定的资金和资质要求，店铺维护难度也大；

③以产品为王，新手卖家很难在短时间做出爆款，要有长期投入的心态。

综上，亚马逊适合有一定外贸基础、资金实力较为雄厚、有品牌资质、产品质量过硬的卖家。

🔍查一查

> 亚马逊中国站官方网站网址：_____
>
> 亚马逊 14 个国际站点分别是：_____
>
> _____
>
> 亚马逊平台可销售的产品类目有：_____
>
> _____

（2）eBay

eBay 是线上拍卖平台和全球最大的 C2C 电商平台，成立于 1995 年，总部位于美国加利福尼亚州圣荷西。区别于其他跨境电商平台，它是一个可让全球买家在线上拍卖及购物的网站，每天都有数以万计的家具、收藏品、计算机、车辆等商品被 eBay 刊登、销售，平台首页见图 2.1.2 。

如今 eBay 已有超 1.5 亿注册用户，有来自全球 29 个国家的卖家，是世界上最大的电子集市。

图 2.1.2　eBay 平台首页

优势：
①开店门槛较低，平台的排名机制较为公平，对新手卖家相对友好；
②在欧美地区流量较高，是该市场上非常有影响力的电商平台；
③定价方式多，卖家既可采用"一口价"定价模式，也可采用"拍卖"定价模式。

劣势：
①平台规则更侧重于保护买家，对卖家要求高、规则多、惩罚措施较重；
②平台买家普遍对价格敏感，对产品性价比要求高，商品利润低，靠走量；
③平台为全英文界面，上手操作不易，采用 PAYPAL 付款，具有一定风险。

eBay 一般仅适合有一定外贸货源的中小卖家。

🔍查一查

　　上网查找资料，了解 eBay 公司的创业故事，以及 eBay 的卖家可以采用的定价模式有哪些？
_____
_____

（3）Wish

Wish 是主打移动端购物的电商平台，成立于 2011 年，最初是在 Facebook 上根据用户偏好算法向用户推送一些商品广告，2013 年开始转型做电商。相对于其他电商平台多以 PC 端客户为主，Wish 平台主要瞄准移动端客户。目前，Wish 已成为北美最大的移动电商平台，曾在全球 27 个国家购物类 App 下载量排名中位居第一。平台首页如图 2.1.3 所示。

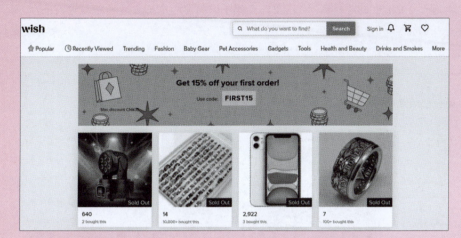

图 2.1.3　Wish 平台首页

与亚马逊等老牌电商平台不同，Wish 更像一个杂货铺，目标用户是年轻且收入较低的人群，主要覆盖中低端市场，售卖各式性价比高、价格亲民的商品，商家也多是中小品牌。中国卖家凭借商品的价格优势，在 Wish 平台非常受欢迎。

优势：

①用算法推荐的方式，在手机端向买家随时、随地推荐匹配度高的商品；

②用户黏性强、复购率高，平台的客单价目前呈上升趋势。

劣势：

①平台主要通过价廉物美的方式吸引买家，要求产品具有一定的价格优势；

②平台主要通过算法推荐引流，要求卖家有在算法中让产品吸引流量的技巧。

总体来说，Wish 平台对新手卖家相对友好，拥有品质优良、价格亲民货源的卖家可以考虑在 Wish 平台创业。

🔍查一查

上网查找资料，了解 Wish 平台在美国购物类 App 中下载量的最新排名。

_____

Wish 平台的客户有什么特点？

_____

_____

Wish 平台的用户有着非常高的复购率、忠诚度，你觉得原因可能是什么？

_____

_____

（4）速卖通（AliExpress）

速卖通于2010年正式创立，是阿里巴巴旗下面向国际市场打造的跨境电商平台，被广大卖家称为"国际版淘宝"，目前已成为中国最大的跨境零售电商平台、全球第三大英文在线购物网站。速卖通平台首页如图2.1.4所示。

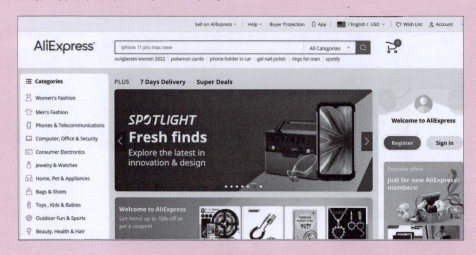

图2.1.4　速卖通平台首页

速卖通的侧重点在新兴市场，它在发展中国家、欠发达国家有较多客户。

优势：

①速卖通是阿里系的平台产品，整个页面操作简单，初级卖家较容易上手；

②速卖通作为阿里巴巴未来国际化的重要战略产品，潜力巨大。

劣势：

①价格比较敏感，低价策略比较明显，利润不高；

②平台规则经常变动；

③平台为与亚马逊、Wish等老牌跨境电商平台展开差异化竞争，主攻市场为发展中国家、欠发达国家，客户的购买力一般；

④平台进入门槛不高，竞争对手较多，导致平台产品同质化问题较严重。

由于价格竞争激烈，速卖通适合有价格优势的卖家或生产具有中国特色的工艺产品的卖家。

🔍查一查

速卖通作为阿里巴巴未来国际化的重要战略产品，已成为全球最活跃的跨境电商平台之一，也是全球产品品类最丰富的平台之一。但是，平台规则严格，对上传平台的产品有许多要求和规定，请在平台上查询哪些产品不能在平台销售，坚守规则底线。

禁售的商品：_____

限售的商品：_____

活动实施

以小组为单位，完成亚马逊、速卖通、eBay、Wish 四大主流平台的调研任务。

步骤 1：学生 3～4 人一组，选定组长，经讨论后每位组员认领一个平台独立开展平台调研，确定组内分工，并完成表 2.1.1。

表 2.1.1　调研任务表

工作任务	主流跨境电商出口平台的调研				
任务分工	具体任务	成员 1 （　　）	成员 2 （　　）	成员 3 （　　）	成员 4 （　　）	自己的分工及表现
	亚马逊					
	速卖通					
	eBay					
	Wish					
	●负责　　▲参与　　○监督				
组长（签名）					

步骤 2：每个组员根据自己认领的任务开展平台调研，并填写表 2.1.2。

表 2.1.2　调研任务及结果表

发展历程	平台官方网址：＿＿＿＿＿＿＿＿＿＿＿＿＿＿＿＿＿＿＿＿＿＿ 公司成立时间：＿＿＿＿＿＿＿＿＿　公司所属国家：＿＿＿＿＿＿＿＿ 平台目前规模：＿＿＿＿＿＿＿＿＿＿＿＿＿＿＿＿＿＿＿＿
开店门槛	入驻平台的资质要求： 平台对入驻商家的收费要求： 平台店铺费及佣金的收取标准： ＿＿＿＿＿＿＿＿＿＿＿＿＿＿＿＿＿＿＿＿＿＿＿＿＿＿＿＿
市场情况	平台的定位：＿＿＿＿＿＿＿＿＿＿＿＿＿＿＿＿＿＿＿＿＿＿ 平台的主要目标市场：＿＿＿＿＿＿＿＿＿＿＿＿＿＿＿＿＿＿＿ 平台可销售的商品类目：＿＿＿＿＿＿＿＿＿＿＿＿＿＿＿＿＿＿ 平台最热销的商品类目：＿＿＿＿＿＿＿＿＿＿＿＿＿＿＿＿＿＿
平台特点	平台的优势、劣势及特点： ＿＿＿＿＿＿＿＿＿＿＿＿＿＿＿＿＿＿＿＿＿＿＿＿＿＿＿＿ ＿＿＿＿＿＿＿＿＿＿＿＿＿＿＿＿＿＿＿＿＿＿＿＿＿＿＿＿ ＿＿＿＿＿＿＿＿＿＿＿＿＿＿＿＿＿＿＿＿＿＿＿＿＿＿＿＿
适合对象	结合调研结果，适合在该平台上运营的商家是： ＿＿＿＿＿＿＿＿＿＿＿＿＿＿＿＿＿＿＿＿＿＿＿＿＿＿＿＿
调查人		组长（签名）	

步骤 3：组长组织分享会，各组员分别展示独立调研的结果。经过互相分享，每位组员都能了解四大主流跨境电商平台的基本情况。

步骤 4：组长汇总调研成果，制作汇报 PPT，并在全班做最终的发言和分享。

※ 活动评价 ※

任务实施完成后，由团队负责人（组长）牵头开展自评及他评，完成任务评价表。

任务评价表

	成员	任务分工	组内表现 （五星互评）	自己的分工及表现 （自评）	组长评价 （他评）
任务分工	成员 1		☆☆☆☆☆		
	成员 2		☆☆☆☆☆		
	成员 3		☆☆☆☆☆		
	成员 4		☆☆☆☆☆		
任务总结					

活动 2　选择合适的跨境电商平台

活动背景

经过前期的调研，陈龙已经清楚当下主流跨境电商平台的定位、特点、优势行业和客户群体等情况。接下来，陈龙需与团队一起，结合公司已有基础和优势，选择适合进入的平台开展跨境电商业务。

▣ 知识准备

1. 选择跨境电商平台时需要考虑的因素

卖家在选择跨境电商平台时，需结合自身情况做出决策，一般需考虑以下因素：

（1）能否匹配平台主要买家的购物偏好

每个跨境电商平台都有自己主打的国际市场，热销和主打的产品类目也各不相同。首先，卖家需要明确自家商品的目标市场与哪个跨境电商平台最匹配；其次，要清楚自家商品在哪个跨境电商平台上可能卖得更好，比如图书类产品就更适合在亚马逊上销售。

（2）能否接受平台的规则和扶持力度

每个跨境电商平台的运营规则各不相同，作为新手，要考虑自己的运营能力是否能够支撑自己在该平台开展工作,例如亚马逊平台规则严格,新人较容易因操作违规受到封店的处罚。同时还要考虑该平台对新手卖家的扶持力度如何、是否有流量照顾、是否适合新人快速上手等。

（3）能否满足跨境电商平台的入驻和收费要求

随着跨境电商平台的日益规范,各跨境电商平台都提高了入驻的标准和要求,例如,亚马逊、eBay都要求以企业身份才能入驻,Wish平台目前还允许以个人身份入驻。同时,各跨境电商平台的开店成本、运营成本都各不相同,比如亚马逊对卖家的资金要求较高,卖家需考虑自身的经济实力做出选择。

（4）能否适应跨境电商平台的发展趋势和竞争情况

一些起步早、规模和影响力大的跨境电商平台,具有丰富的跨境电商平台运营经验,在会员管理、网站推广、市场数据等方面拥有丰富资源,可以为卖家提供较好的服务。但是,成熟跨境电商平台的竞争也相对激烈,对新手卖家的挑战也更大,相比之下,一些新兴跨境电商平台（如东南亚跨境电商平台 Shopee 和 lazada）前景广阔,对新手较为友好。

2. 四大主流跨境电商平台的比较

（1）跨境电商平台运营模式的比较

跨境电商平台按运营模式不同可分为自营跨境电商平台和第三方跨境电商平台。从表2.1.3 可以看出,二者各自呈现出不同的特点。在做出选择之前需要比较两种运营模式的优势与劣势,既要考虑哪一种方式更适合公司目前的积累和现状,又要长远考虑哪一种方式能为公司的跨境电商业务带来更大的发展。

表 2.1.3　跨境电商平台运营模式的优势与劣势

平台类型	优势	劣势
自营跨境电商平台	①可以自主制订平台规则,打造个性化网站; ②可自由获取和利用平台上的一手数据资源	①入门比较难,前期在人力、资金、技术上投入大; ②新平台需较长时间积累口碑和客户,出单较慢,早期资金压力大
第三方跨境电商平台	①入门容易,初始成本较低; ②基于平台自身的大流量,店铺出单较快; ③有平台的助力,运营和推广的难度有所降低	①受制于平台规则管理,容易受到处罚,甚至封店; ②平台数据对卖家不完全透明,使用成本高; ③平台上商品、店铺之间竞争激烈,容易陷入价格战,降低利润率

对于一些在跨境电商领域还未真正起步的新手而言,前期运营的资金压力通常较大,加上网站建设涉及较多技术方面的要求,多数公司并无专门的部门可以提供技术支持,因此,像 Amazon、eBay、速卖通、Wish 等成熟的跨境电商平台已有非常成熟的技术支撑和稳定的流量,更加适合前期运营资金紧张的新手团队。

如果公司的跨境项目运营顺利，在积累了一定的经验后，则可以考虑多平台同时运营，或者平台运营和独立建站相结合，多渠道展示公司产品。

（2）主流跨境电商平台的进入门槛与成本比较

每个跨境电商平台的开店门槛、收款门槛、店铺费及交易成本各不相同，我们应了解四大主流平台的开店门槛、收款门槛、店铺费及交易成本，综合考虑以自己公司目前的资金、技术、产品条件适合入驻哪一平台。以当前四大主流的跨境电商平台为例，调研结果见表2.1.4。

表2.1.4　四大主流跨境电商平台进入门槛与成本的比较

平台	开店门槛	收款门槛	店铺费及佣金
亚马逊	①企业身份注册； ②需要具备销售相应商品的资质； ③能够开具发票	须准备一张美国当地的银行卡	①专业卖家每月固定费用； ②个人卖家收单件销售费用； ③交易佣金
速卖通	①个体工商户或企业身份均可注册； ②须通过企业支付宝账号，完成企业身份认证	国际支付宝或中国的银行账号	①店铺年费； ②交易佣金
eBay	①企业用户； ②手续复杂，需准备发票、银行账单等资料； ③每个卖家只能申请一个企业入驻通道账户	①需要 PayPal，手续费在 4% 左右； ②需要一张双币信用卡	①免费开店； ②店铺月租； ③产品发布费用； ④交易佣金
Wish	①在线注册并通过验证即可； ②个人、内地公司、香港公司都可注册	在 Wish 上创建账户、开设店铺都是免费的，上传商品信息也不会被收取任何费用。Wish 将从每笔交易中按一定百分比或按一定金额收取佣金	①2018 年 10 月 1 日之后注册的新 Wish 账号将缴纳 2 000 美元的押金； ②交易佣金

（3）平台市场与销售特点的比较

各平台之间除了有不同的进入门槛，各自还有不同的目标市场，具体见表 2.1.5，各公司在做出跨境电商平台选择时，也要考虑适合自己产品的销售市场，有针对性地做出选择。

表 2.1.5　四大跨境电商平台市场与销售特点比较

平台	销售特点	销售品类	市场方向
亚马逊	卖家多来自发达国家，更加重视商品的品牌、品质，对价格相对不敏感	全新、翻新及二手商品，是全品类综合平台	北美、欧洲、南美、大洋洲（澳大利亚）、亚洲（中国、日本、印度）

续表

平台	销售特点	销售品类	市场方向
速卖通	买家对价格比较敏感，价格竞争激烈。产品特点符合新兴市场的卖家	以服装及配饰、手机通信、美容护理、珠宝手表、计算机等为主	主要针对新兴市场，如 俄罗斯、巴西、乌克兰、土耳其等
eBay	对卖家要求非常严格，在规则上更偏向于保护买家权益。买家普遍喜欢物美价廉的高性价商品	只要物品不违反法律或不在 eBay 的禁止贩售清单之内，即可以在 eBay 贩售	分站点较多，北美、南美、欧洲均有覆盖，美国是最主要的市场
Wish	"价格为王"，卖家一定要价格低才能有优势	全品类综合型，主要为服装、配饰、母婴、3C、女性用品	主要市场为美国、巴西、法国、德国等

活动实施

陈龙所在团队经过前期对跨境电商平台的调研后，一致决定在速卖通平台上开设店铺，如果公司的跨境项目运营顺利，在积累了一定的经验后，则考虑多平台同时运营，或者是平台运营和独立建站相结合，多渠道展示公司产品。接下来，陈龙需要登录速卖通平台，全面了解速卖通首页和产品页的构成。

步骤 1：了解速卖通平台的首页的布局。

登录平台，了解平台首页的布局和构成。图 2.1.5 为速卖通平台首页布局和构成，请分析图中 A ～ F 序号各自对应的是以下哪个要素，并将图中的字母序号写在对应的括号内。

会员登录入口（　　　）　　　搜索区域（　　　）　　　商品类目导航栏（　　　）

广告展示区（　　　）　　　购物车（　　　）　　　推广品牌区（　　　）

图 2.1.5　平台首页的布局和构成

作为新人，应该重点了解该平台可以销售的商品有哪些。在平台首页左侧的商品类目导航栏中，可以较为详细地知道平台可卖什么，并间接了解平台热门趋势。查看图 2.1.6，并翻译当前类目导航的内容构成，将翻译结果写在图 2.1.6 商品大类的下方。

图 2.1.6　商品类目导航栏

步骤 2：了解速卖通平台的商品搜索方式。

陈龙在平台首页的搜索栏里输入"cat clothes"，选择搜索结果按"best match"排名的方式在页面展示。于是出现了如图 2.1.7 所示的画面，请分析 A～D 序号各自对应的是以下哪个要素，并将图中字母序号写在对应的括号内。

关联产品类目导航（　　　）　　　　产品展示区（　　　）　　　　搜索区域（　　　　）
搜索结果排序方式（　　　）

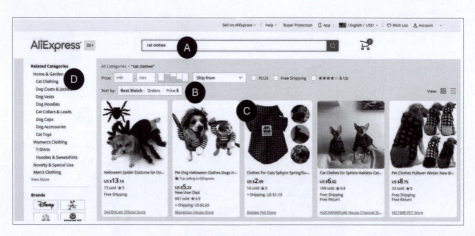

图 2.1.7　速卖通平台的商品搜索方式

步骤 3：了解速卖通平台商品页的布局。

速卖通商品详情页的结构比较简单，我们可以把整个页面大概划分为上、中、下 3 个部分。

第一部分也就是页面头部部分，如图 2.1.8 所示，分析 A～F 序号各自对应的是以下哪个要素，并将图中的字母序号写在对应的括号内。

平台菜单（　　　）　　　　店名（　　　）　　　　Top-Brand 认定标签及产品好评价率（　　　）
店铺导航菜单（　　　）　　购物车（　　　）　　搜索区域（　　　）

从图 2.1.8 可知，店铺已获得"Top-Brand"的标签，上网查找平台规则，研究企业获得
"Top-Brand"的金牌卖家标签后，会得到哪些平台的支持。

图 2.1.8　商品详情页头部部分

第二部分是商品的基本信息部分，如图 2.19 所示，分析 A ~ H 序号各自对应的是以下哪
个要素，并将对应的字母序号写在括号内。

商品主图（　　　）　　商品标题（　　　）　　商品评价（　　　）　　商品价格（　　　）
产品属性（　　　）　　购买数量（　　　）　　同类商品推荐（　　　）　　物流信息（　　　）

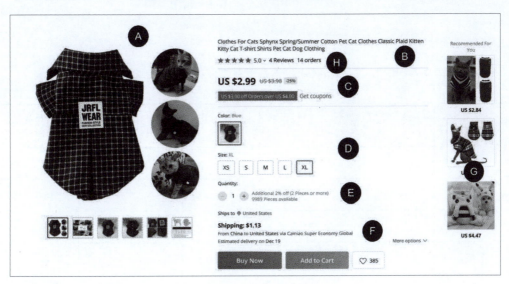

图 2.1.9　商品的基本信息

第三部分是商品详情页和商品评价部分。

自行浏览商品详情页，总结商品详情页的构成要素有哪几项。

查看如图 2.1.10 所示的买家评价（Customer Reviews）。一般情况下，我们在选品的时候也
要参考相似竞品的所有好评、差评、买家秀照片，从中找出买家的关注点和商品的痛点。分析 A ~ C
序号各自对应的是以下哪个要素，并把对应的字母序号写在括号内。

总体评分（　　　）　　　　　　　评分人次和每个星级的评价占比（　　　）
评价内容和买家秀照片（　　　）

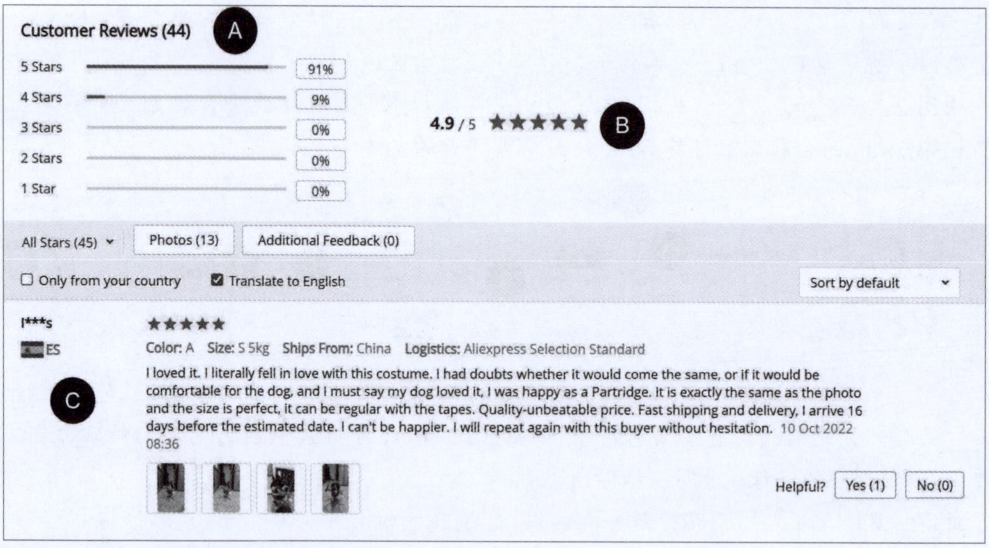

Customer Reviews (44) A

5 Stars	▬▬▬▬▬▬▬	91%
4 Stars	▬	9%
3 Stars		0%
2 Stars		0%
1 Star		0%

4.9 / 5 ★★★★★ B

All Stars (45) ▾   Photos (13)   Additional Feedback (0)

☐ Only from your country   ☑ Translate to English   Sort by default ▾

l***s
ES

★★★★★
Color: A Size: S 5kg Ships From: China Logistics: Aliexpress Selection Standard

C

I loved it. I literally fell in love with this costume. I had doubts whether it would come the same, or if it would be comfortable for the dog, and I must say my dog loved it, I was happy as a Partridge. It is exactly the same as the photo and the size is perfect, it can be regular with the tapes. Quality-unbeatable price. Fast shipping and delivery, I arrive 16 days before the estimated date. I can't be happier. I will repeat again with this buyer without hesitation. 10 Oct 2022 08:36

Helpful? Yes (1)   No (0)

图 2.1.10 买家评价

※ 活动评价 ※

任务实施完成后，由团队负责人（组长）牵头开展自评及他评，完成任务评价表。

任务评价表

	成员	任务分工	组内表现 （五星互评）	自己的分工及表现 （自评）	组长评价 （他评）
任务 分工	成员 1		☆☆☆☆☆		
	成员 2		☆☆☆☆☆		
	成员 3		☆☆☆☆☆		
	成员 4		☆☆☆☆☆		
任务 总结					

任务2 >>>>>>>>>
选择上架的商品

任务情境

众所周知,一座高楼的高度往往是由地基的深度决定的,那么选品就是电商事业的"地基",决定电商事业的"高度"。

经过前期的调查之后,陈龙根据公司的实际情况,初步判断速卖通平台是非常适合公司进驻的跨境电子商务平台,接下来陈龙需要开始准备上架商品事项。在电商领域内,一直流行着一句话"电商成功,七分靠选品,三分靠运营",这句话准确地概括了选品在电商经营中的重要作用。

任务分解

为顺利完成商品上架,陈龙需要先完成选品,在选品计划中考虑以下两个问题:

①了解选品原则;

②巧用选品工具。

活动1　了解选品原则

活动背景

在跨境电商领域,选择的商品是否合理将是决定跨境电商企业销售业绩好坏的关键。

选品工作需要一套科学的思维逻辑和方法做指导,这对公司了解平台商品的销售趋势,不断开发新商品以及调整公司的商品策略都有很大的帮助。在店铺成功注册后,陈龙开始思考上架什么商品才能最快打开销路。

回 知识准备

在速卖通平台,常见的两种选品方式是站内选品和站外选品。站内选品是指根据速卖通平台的情况,结合一定的数据分析及自身情况选择要经营的行业、类目产品。站外选品则是指利用其他各大平台、搜索引擎、社交媒体等获得商品的潮流趋势。

1.选对行业和类目

按行业内竞争者状态可将行业分为蓝海行业和红海行业。

蓝海行业是指其竞争尚不大,但又充满买家需求的行业。蓝海此行业充满新的商机和未知的有待开发的市场空间。

红海行业是指现有的竞争白热化的行业。红海行业竞争大，虽然充满买家需求，但也充满了卖家。

作为新手卖家想要进入蓝海行业，要求卖家推陈出新；想要进入红海行业，要求其商品必须物美价廉。一般情况下，建议新手卖家在接触平台时，寻找一级蓝海行业或红海行业当中细分的蓝海行业去经营，这样能避免很多竞争者，能快速成长起来。

如何判断某个行业或类目是处于红海还是蓝海呢？新手卖家可借助速卖通平台后台数据进行判断。具体的操作步骤如下。

步骤1：如图2.2.1所示，在数据纵横里，单击"行业情报"。

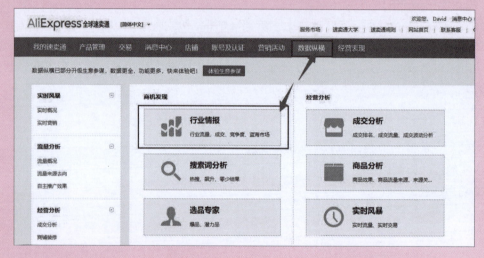

图2.2.1　行业情报

步骤2：在行业情报里，单击蓝海行业，会呈现出最近一段时间内的具体蓝海行业，蓝色越深代表行业内竞争越不激烈，卖家越有竞争优势，如图2.2.2所示。

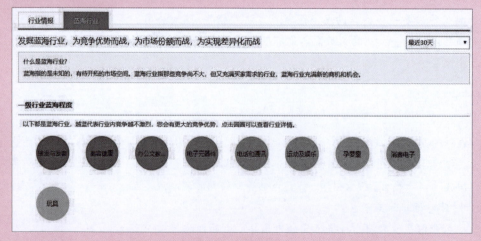

图2.2.2　蓝海行业

2. 选对商品

在确定了商品类目后，需要进一步考虑以下因素，确定该类目下具体适合上架的商品。

一看平台数据：通过查看速卖通后台"体验生意参谋"里的数据——主要查看品类的市场热度、销量、搜索指数、竞争度，判断具体商品的竞争热度和发展潜力。

二看利润收益：要分析感兴趣的商品在速卖通平台的主流销售价格，然后结合自己的成本以及费用，计算商品的利润空间，尽量选择利润空间大的商品。

三看自身优势：结合自身优势，选择自己擅长的行业和有货源优势的商品。

🎤 议一议

> 如何选定一款好商品，是每一位跨境电商从业者都在思考和探索的问题，具体而言，在选择商品时要做到"两不四要"。
>
> **两不**：不做法律和平台禁售或限售的商品；不做运输过程中禁运或限运的商品；
>
> **四要**：要做高利润的商品；要做高热度的商品；要选符合自己的资金、货源条件的商品；要选适合季节性与节日性的商品。
>
> 请查阅相关资料，并借鉴他人的成功经验，谈一谈在选品时有哪些更好的方法或注意事项。

3. 选品基本原则

跨境电商的选品具有一定的原则，可以总结为"一个中心，两项杜绝，六条原则"。

"一个中心"：以平台大数据为中心，这是要求以平台的前台展示结果和后台的数据分析为标准指导选品工作。

比如，要了解当下速卖通平台上的爆款和主流趋势，可通过速卖通前台搜索对应的关键词，找出销量最高的商品，然后分析这些商品中共性的流行元素和特点。这些元素和特点就可以加入商品的开发中，也可以通过这些元素和特点挑选适合上架售卖的商品。

"两项杜绝"：杜绝"我觉得"和"淘宝热销"思维。

"我觉得"思维是站在卖家立场上进行的思考，卖家觉得热销的商品不一定就是买家喜欢的商品。通常卖家对自己的商品有一种先入为主的喜欢，这会大大影响选品的准确性。

"淘宝热销"思维是指很多卖家喜欢把淘宝上热销的商品直接引入速卖通平台，以为"淘宝热销"就是"速卖通热销"，殊不知在中国热卖的商品并不一定在海外市场热销。

在具体工作中可以参考以下"六条原则"。

（1）人无我有

人无我有主要指挑选的商品具有独特性，即跨境电商平台上没有或少有的，但是又有市场需求的商品。这样的商品可以通过自己开发或跟自己的合作工厂合作，并且给这些商品申请相关的结构或外观专利，防止其他卖家的低价恶意竞争和跟卖。

以连衣裙为例，近年来，如图 2.2.3 所示的波希米亚风，以及如图 2.2.4 所示的撞色拼接都是国际女装市场的潮流趋势。在这种情况下，我们可以开发一款如图 2.2.5 所示的"撞色拼接款波希米亚风"连衣裙；将"波希米亚风"和"撞色拼接"两大流行元素体现在同一件衣服上。商品开发出来之后马上申请外观专利，以防止其他卖家抄袭。

图 2.2.3　热销款 1　　　图 2.2.4　热销款 2　　　图 2.2.5　打造新款

（2）人有我优

人有我优主要是指挑选的商品在质量方面要有优势，即当所经营的类目和商品同质化比较严重时，就要在商品质量方面比同行做得更好。

当买家以同样的价格买到不同店铺的同类商品之后，商品质量的优劣往往决定了回购率的高低。如图 2.2.6 所示，可以从卖家评论中看到该款商品存在大量的差评，类似这种客户反馈存在瑕疵的商品，不能上传到速卖通平台。

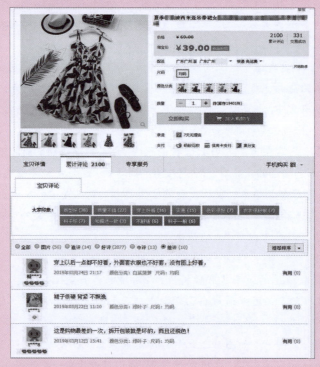

图 2.2.6　客户反馈存在瑕疵的商品

针对一些潜在热销商品，除了要在质量上把关，还需考虑库存的稳定性。例如图 2.2.7 显示该款商品已库存不足，要及时下架该商品，避免出现"成交不卖"的事故。

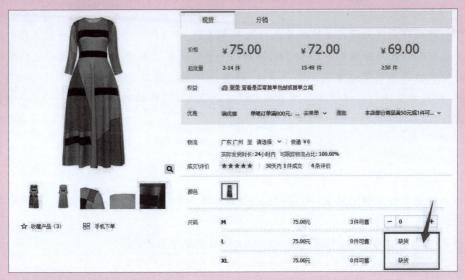

图 2.2.7 关注货源是否充分

（3）人有我新

人有我新主要是指商品在设计上具有创新性，即当发现平台上有一些热卖款以及时下的流行元素时，可以尝试将两者相结合，对商品进行"微创新"，从而形成"新热卖款"。

以图 2.2.8 中的这款太阳镜为例，此款太阳镜是速卖通平台热卖款，同时在饰品行业中，镶嵌水钻是当下的一大流行趋势。

于是可以对这款太阳镜进行微创新，设计出如图 2.2.9 所示的这款带水钻的太阳镜。

图 2.2.8 参考平台热卖款　　　　　　图 2.2.9 产品创新

（4）人新我快

人新我快是指在商品开发速度和订单发货速度方面要快速，即当大家都在想方设法地开发新品时，公司的设计团队是否能以更快的速度完成商品的开发；当大家都有一定订单时，发货时效是否可以比同行更快。

比如，同行能做到 48 小时内发货，自己能否做到 24 小时。所谓"天下武功，唯快不破"，如果公司和团队也有这种追求速度的精神，那么新手卖家在跨境电商之路上也会走得更快更稳。

（5）人快我廉

人快我廉是指商品的价格要有优势，即商品在同样的质量上，可以比价格。其实线上商铺跟线下实体店相比,最显著的特点之一就是商品价格低。这就要求商家在保证商品质量的前提下,竭尽所能地降低成本,因为每降低一美元的成本就能增加一百美分的利润。

（6）人廉我转

人廉我转是针对商品类目和款式的选择而言的,即当某一个类目或某一款商品的商家都把上述所有的选品原则用了一遍之后,那么这个类目或者这款商品就进入红海竞争的阶段。这时要做的就是尽量避免进入这个类目,避免上传这款商品。如果这个类目已经经营了一段时间,那么当发现利润持续降低或者开始没有利润时,就要转移阵地寻找新的蓝海类目和蓝海商品了。

活动实施

以速卖通平台为研究对象,研究平台当前的市场、行情、竞争、热销等情况,按照以下步骤尝试做出选品决策。

步骤 1:以小组为单位,选定一款小组拟上传速卖通平台的产品。

产品的中文名称:

产品的英文名称:

步骤 2:将产品的英文名称作为搜索词录入到速卖通主页搜索框时,就会出现一些与该商品相关,且是系统推荐的热搜词,把这些词记录在下面的方框内。

系统推荐的热搜词语:

步骤 3:根据上述热搜词在速卖通上进行搜索,了解该类商品在平台的销售情况,从中可以了解相似竞品的销售情况。请记录下销量最大的一件相似竞品在速卖通平台的表现。

竞品店铺:＿＿＿＿＿＿＿＿＿＿＿＿　　相似竞品数量:＿＿＿＿＿＿

竞品在平台的总体表现:　销量＿＿＿＿＿＿　评分＿＿＿＿＿＿　价格＿＿＿＿＿＿

竞品标题:

竞品的产品热卖元素分析:

竞品的产品客户评价分析:

好评:＿＿＿＿＿＿＿＿＿＿＿＿＿＿＿＿＿＿＿＿＿＿

差评:＿＿＿＿＿＿＿＿＿＿＿＿＿＿＿＿＿＿＿＿＿＿

步骤 4：根据以上分析，思考本小组所选的商品如何在竞争中脱颖而出，并以 PPT 的形式向全班展示本小组要上传的速卖通商品，并说明理由。

※ 活动评价 ※

任务实施完成后，由团队负责人（组长）牵头开展自评及他评，完成任务评价表。

任务评价表

	成员	任务分工	组内表现 （五星互评）	自己的分工及表现 （自评）	组长评价 （他评）
任务 分工	成员 1		☆ ☆ ☆ ☆ ☆		
	成员 2		☆ ☆ ☆ ☆ ☆		
	成员 3		☆ ☆ ☆ ☆ ☆		
	成员 4		☆ ☆ ☆ ☆ ☆		
任务 总结					

活动 2　巧用选品工具

活动背景

经过学习，陈龙已经初步掌握了选品的原则和方法。但是，市场是不断变化的，这需要陈龙在店铺运营的过程中根据店铺的运营情况以及市场变化，及时做出反应，并利用平台的大数据从技术层面不断调整选品策略。

🔲 知识准备

卖家想要做到科学地选品，需要学会获取和分析速卖通平台的大数据。在速卖通后台，已为卖家配置了一个数据中心（或者称为工具），叫作"选品专家"。

1. 了解"选品专家"的功能

在速卖通后台单击"数据纵横"板块，能看到如图 2.2.10 所示的 "选品专家"页面。

单击"选品专家"后进入图 2.2.11 所示的页面。该页面提供了两个模块的数据，分别是"热销"和"热搜"。

图 2.2.10　进入"选品专家"

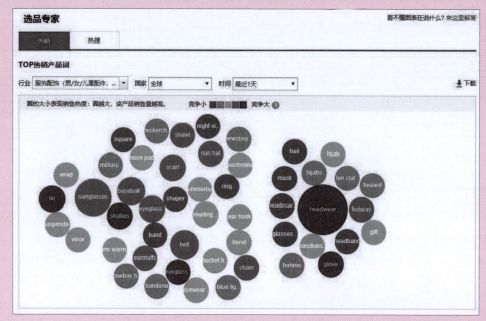

图 2.2.11　选品专家

　　"热销"是指在速卖通平台上比较热销的商品。选择不同的行业后会看到下面出现大大小小的圆圈，圆圈的大小代表着商品的销售热度：圆圈越大，表示商品销售量越高。

　　比如，选择"女装"行业，平台会反馈出如图 2.2.12 所示的数据。在该数据中，看到其中"dress""blouse""T-shirt"的圆圈比较大，代表这几个类目的商品是比较热销的。

　　"热搜"是指在速卖通平台上，买家搜索热度比较高的产品。选择不同的行业后也会看到下面有大大小小的圆圈，圆圈的大小代表着产品的搜索热度：圆圈越大，买家搜索该商品的热度就越高。

在热搜属性里，重点要关注特定商品的属性热度，因为在开发产品时，只有让商品带有了这些属性，这款商品才会在平台上获得热搜和热销。如图 2.2.13 所示，以"牛仔裤"为例，首先在"热搜"中选择"牛仔裤"，然后单击"jeans"这个圆圈。

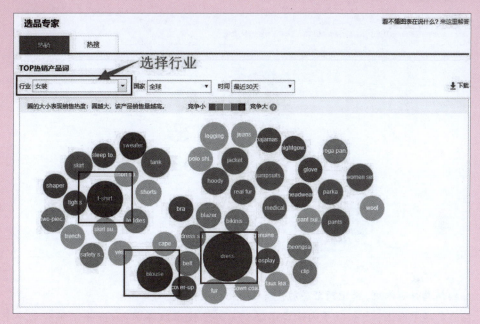

图 2.2.12　选品专家—热销

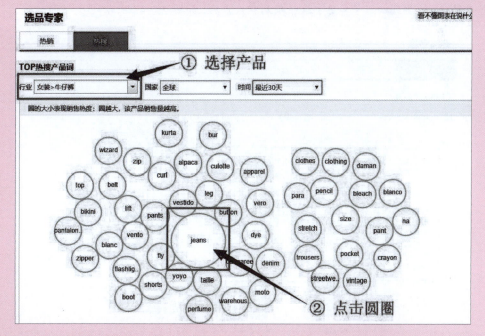

图 2.2.13　选品专家—热搜

在接下来的页面中再点击相应的属性，就可以得出"牛仔裤"的哪些属性热搜度比较高，如图 2.2.14 所示，"Color"属性中"Black"热搜度最高，"Waist Type"属性中"High"热搜度最高。

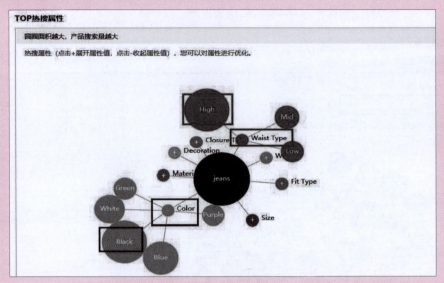

图 2.2.14　热搜属性

2. 热销属性的作用：选出所经营的大类目中最热销的子类目商品

在速卖通平台上，卖家每年向速卖通缴纳 1 万元技术服务费之后，是能够开通一个二级类目经营的。在二级类目下面有三级子类目，三级子类目下面又有四级子类目，甚至是五级子类目，一般要到四级子类目才能精确到相应产品，如图 2.2.15 所示。

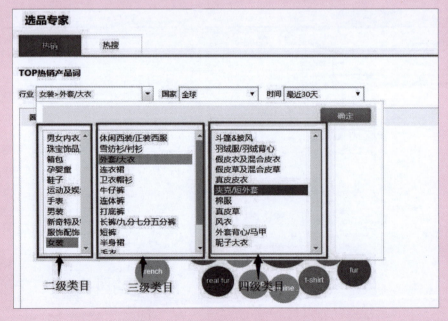

图 2.2.15　各级类目

那么在四级、五级类目中,哪些商品在平台上更热销呢? 只有选中这些较为热销的商品,店铺运营起来才会事半功倍,店铺的销售业绩也更容易提升。

筛选热销子类目的流程:首先选定自己能经营的二级类目,并且在下拉框中选择三级类目,如图 2.2.16 所示中的二级类目为女装,三级类目为外套／大衣,国家选择"全球",时间选择"最近 30 天"。

图 2.2.16　热销子类目

单击确认之后,就会看到子类目里面各个商品的热销程度,其中圆圈越大代表该商品在平台上越热销。如图 2.2.17 所示,在选定的"女装 > 外套／大衣"行业中,"jacket"在最近 30 天内最热销。

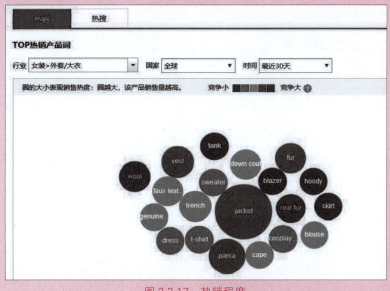

图 2.2.17　热销程度

但是，当一些圆圈之间大小很接近时，如果只通过肉眼辨识圆圈的大小，并不能特别清楚地看出具体的热销排序。这时就要用表格精确分析各个子类目的热销度。只要点击图 2.2.17 页面右边的"下载"键，就可以获得一份名为"hot sale"的 Excel 表格数据，如图 2.2.18 所示。

	A	B	C	D	E	F
1	行业	国家	商品关键词	成交指数	浏览-支付转化率排名	竞争指数
2	外套/大衣	全球	jacket	6950	1	2.54
3	外套/大衣	全球	parka	2830	4	2.62
4	外套/大衣	全球	vest	1245	2	2.21
5	外套/大衣	全球	trench	1069	8	1.52
6	外套/大衣	全球	down coat	815	6	1.87
7	外套/大衣	全球	faux leather	778	3	2.39
8	外套/大衣	全球	wool	696	5	4.05
9	外套/大衣	全球	fur	625	7	3.87
10	外套/大衣	全球	real fur	180	11	5.28
11	外套/大衣	全球	cape	73	9	0.7
12	外套/大衣	全球	genuine leather	40	12	1.38
13	外套/大衣	全球	blazer	17	13	0.06
14	外套/大衣	全球	tank	6	10	0.05
15	外套/大衣	全球	blouse	2	20	1
16	外套/大衣	全球	cosplay costume	2	17	0.14
17	外套/大衣	全球	dress	2	19	0.33
18	外套/大衣	全球	hoody	2	16	0.13
19	外套/大衣	全球	skirt	2	14	0.04
20	外套/大衣	全球	sweater	2	15	0.06
21	外套/大衣	全球	t-shirt	2	18	0.33
22	三级子类目		四级叶子类目			
23						

图 2.2.18　热销表格

表格中的"行业"第一列为三级子类目，"商品关键词"一列为四级子类目，而把成交指数这一列降序排列之后，就可以得到四级子类目的热销排名了。

有了这个排名，就可以更准确地选择排名靠前的商品上传到店铺里面。这样一来，店铺里的商品就自带平台热销属性，这些商品也就更容易卖出去。

3. 热搜属性的作用：指导新品的开发和自定义属性的填写

选好了热销商品后，需要用到"热搜属性"对商品进行研究，进行新品研发。首先要在热搜里找到要筛选的子类目，比如，以图 2.2.19 中"jeans"为例，选择"牛仔裤""全球""最近30 天"，然后单击下拉图中的"jeans"。

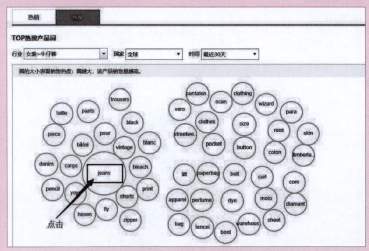

图 2.2.19　TOP 热搜产品词

"TOP 热搜属性"如图 2.2.20 所示。各个具体属性中的大大小小的圆圈,就代表着这些属性在平台上的热搜程度,圆圈越大,热搜程度就越高。

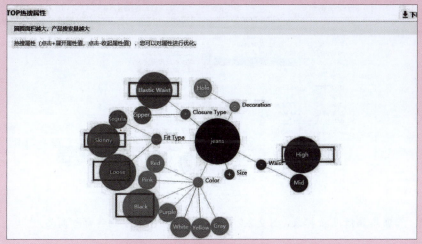

图 2.2.20　TOP 热搜属性

可以把这些 TOP 热搜属性用于以下两点:

①把热搜属性组合起来去开发新品。比如,根据图 2.2.19 的属性值,就可以找供货商或工厂开发一款"黑色高腰贴身的衣服门襟为塑料腰带"的牛仔裤。

②收集热搜属性,上传商品时用到自定义属性中。目的就是通过布局这些热搜属性词,获取相应的流量,一旦买家通过这些热词搜索,或者类目搜索点击了这些词时,商品就有可能展现在买家眼前,如图 2.2.21 所示。

close type		Button fly		删除
Wash Method		Stonewashed		删除
Color		Red		删除
Jeans Style		Pencil Pants		删除
style		Classic & Vintage		删除
Materials		Cotton		删除
Gift		For New Year		删除
Festival		Lovers presents		删除
Size		XXXL		删除
Customized		Available		删除

添加自定义属性

图 2.2.21　自定义属性

活动实施

以小组为单位完成选品实操。

步骤 1:在图 2.2.22 中标注一级类目、二级类目、三级类目及四级类目,如图 2.2.22 所示。

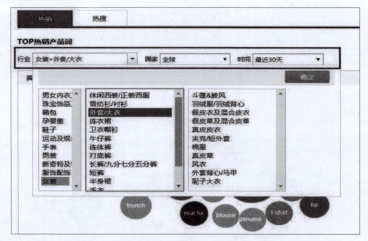

图 2.2.22　活动实施

步骤2：根据热销情况数据表（图 2.2.23），分析该平台适合销售哪些商品。

	A	B	C	D	E	F
1	行业	国家	商品关键词	成交指数	浏览-支付转化率排名	竞争指数
2	外套/大衣	全球	jacket	6950	1	2.54
3	外套/大衣	全球	parka	2830	4	2.62
4	外套/大衣	全球	vest	1245	2	2.21
5	外套/大衣	全球	trench	1069	8	1.52
6	外套/大衣	全球	down coat	815	6	1.87
7	外套/大衣	全球	faux leather	778	3	2.39
8	外套/大衣	全球	wool	696	5	4.05
9	外套/大衣	全球	fur	625	7	3.87
10	外套/大衣	全球	real fur	180	11	5.28
11	外套/大衣	全球	cape	73	9	0.7
12	外套/大衣	全球	genuine leather	40	12	1.38
13	外套/大衣	全球	blazer	17	13	0.06
14	外套/大衣	全球	tank	6	10	0.05
15	外套/大衣	全球	blouse	2	20	1
16	外套/大衣	全球	cosplay costume	2	17	0.14
17	外套/大衣	全球	dress	2	19	0.33
18	外套/大衣	全球	hoody	2	16	0.13
19	外套/大衣	全球	skirt	2	14	0.04
20	外套/大衣	全球	sweater	2	15	0.06
21	外套/大衣	全球	t-shirt	2	18	0.33
22	三级子类目		四级叶子类目			
23						

图 2.2.23　热销情况数据表

步骤3：根据图 2.2.24，分析该款商品的热销元素。

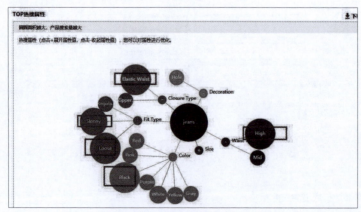

图 2.2.24　TOP 热搜属性

任务实施完成后，由团队负责人（组长）牵头开展自评及他评，完成任务评价表。

任务评价表

	成员	任务分工	组内表现 （五星互评）	自己的分工及表现 （自评）	组长评价 （他评）
任务 分工	成员 1		☆☆☆☆☆		
	成员 2		☆☆☆☆☆		
	成员 3		☆☆☆☆☆		
	成员 4		☆☆☆☆☆		
任务 总结					

任务3 »»»»»»
寻找可靠的货源

任务情境

对所有的卖家来说，"三分靠运营，七分靠商品"，寻找优质可靠的货源是关键所在。在跨境电商平台上，部分卖家完全依靠自己公司或工厂的货源，也有部分卖家需从多个渠道获取货源。

经过前期选品分析后，陈龙能够利用速卖通平台的大数据进行科学的选品，找到合适的商品。但是陈龙认为自身公司的工厂所生产的服装款式并不符合境外买家的审美，需要重新寻找货源丰富的上架商品。因此，本次陈龙团队需要学习如何寻找可靠的跨境电商货源。

任务分解

一般情况下，跨境电商的货源分为两种，分别是线下采购和线上采购，本次任务需要完成两个内容，分别是：

①调研线下采购的主要渠道；

②调研线上采购的主要渠道。

活动1　调研线下采购的主要渠道

活动背景

跨境电商卖家，特别是新手卖家常遇到因为缺乏健全的供应链支撑，导致商品单价虚高、到货周期不稳、质量难以把控、发货成本高等问题，直接影响业务量的增长。所以，了解线下货源渠道的选取技巧是非常有必要的。陈龙和他的团队针对线下采购的主要渠道展开了调研。

回 知识准备

1. 线下采购的主要渠道

线下采购通常分为4类，分别是自营工厂、合格的代工厂、批发市场和选品大会。

（1）自营工厂

自营工厂就是外贸公司自建的工厂。中国有不少的自营工厂，所生产的商品规格符合国外认证标准；并且经过了长时间的外贸加工，积累了生产经验，较容易建立起自己的品牌。在有条件的情况下，选择自营工厂，能够从产品生产、质量把关、价格把控等方面带来便利。

（2）合格的代工厂

合格的代工厂供货，主要是指外贸企业寻找商品质量有保证的工厂，向其提供商品生产的要求、样本、设计，委托代工厂进行生产。一些没有条件自建工厂的网店经营者，可以在线下找这类工厂代加工或代生产，但是需要通过实地考察检验代工厂的生产能力。这种方法采购的货源在质量方面有一定的保障，而且认证资料齐全，可减少中间商，商品单价低。

（3）批发市场

到批发市场采购是最直接的方法之一。批发市场有两个好处，一是卖家能直观地看到商品的质量，比较灵活地进行选品；二是能建立一定的库存，避免出现买家想购买商品时却断货的情形。

但是，新手卖家一定要切记，首次采购一定要多品类，同类商品采购量要小，经过跨境平台的销售情况反馈，确定哪些商品热销，再决定大量采购。

此外，整体来说，批发市场采购的最大特点是物美价廉，商品也会根据其特性形成区域集散地，具体见表2.3.1。

表2.3.1　商品区域集散地

商品类别	商品区域
小商品类	浙江义乌
玩具类商品	广东汕头
五金类商品	浙江永康
3C类商品	广东深圳
瓷器类商品	江西景德镇
婚纱礼服、丝绸类商品	江苏苏州
服装、箱包类商品	广东广州

（4）选品大会

选品大会是时下比较流行的采购方式。一般情况下，在选品大会上货源提供商会展示各种各样新奇的商品样品，卖家可以及时了解市场上的新品开发情况，同时有机会认识有实力的货源提供商。

此外，不同于普通的展会，选品大会中设有专场，邀请电商大咖与卖家分享跨境电商的实战经验、行业新风向及运营方法，分享选品方法和技巧，畅谈行业发展新趋势。

现在热门且大型的选品大会有 CCEE 跨境电商选品大会、速卖通选品大会、eBay 大中华区跨境电商选品大会、阿里巴巴选品大会、"一带一路"选品大会等。

回 知识窗

借"一带一路"建设的东风，中国商品销往 190 多个国家和地区

随着"一带一路"建设向纵深发展，开拓"一带一路"市场的企业不仅越来越多，而且遍及各行业，带动中国对"一带一路"国家的出口额持续快速增长。

宋元时期，德化陶瓷就通过海上丝绸之路走向世界，在海外留下"中国白"美名。如今，借着"一带一路"建设的东风，德化陶瓷的"朋友圈"越来越大，产品销往全球190 多个国家和地区。上半年，德化陶瓷对"一带一路"国家和地区自营出口额达 7 335万元，同比增长 25.79%。

除此之外，中国制造的各种款式的咖啡壶、可以监测温度的热水壶、精致的小家电组合等，这都是中国小电器开拓"一带一路"市场的一张张"名片"。

请"中国一带一路网"，查阅"一带一路"最新资讯，并回答以下问题：

"一带一路"辐射的国家有哪些？

_____

"一带一路"给中国跨境电商行业带来的机会有哪些？

_____

2. 线下采购的优劣势

线下采购的优劣势见表 2.3.2。

表 2.3.2　线下采购的优劣势

优势	①能确保商品的品质； ②有机会拿到厂家的品牌授权，降低因侵权导致的店铺罚款或暂停交易风险的概率； ③线下采购一般数量较多，而且是厂家直接拿货，采购成本较低
劣势	①一般情况下，工厂会要求批量采购，资金方面压力大； ②产品数量多，卖不出去将面临滞销风险和库存积压风险

活动实施

以你居住或工作的省市为研究对象,调研当地能够进行线下采购的货源优势,按照以下步骤尝试开展调研。

步骤1:以小组为单位,调研当地有没有可以采购以下类目的批发市场,如果有,请记录批发市场的位置和名称,完成表2.3.3。

表 2.3.3　本地批发市场调查表

产品类别	批发市场
当地特色商品	
玩具类商品	
五金类商品	
3C 类商品	
数码及电器类商品	
箱包类产品	
服装类产品	

步骤2:以当地城市为对象,调研该城市或周边城市有没有商品的自营工厂、合格的代工厂、批发市场或选品大会等,若有请罗列出来。

※ 活动评价 ※

任务实施完成后,由团队负责人(组长)牵头开展自评及他评,完成任务评价表。

任务评价表

	成员	任务分工	组内表现 (五星互评)	自己的分工及表现 (自评)	组长评价 (他评)
任务分工	成员1		☆☆☆☆☆		
	成员2		☆☆☆☆☆		
	成员3		☆☆☆☆☆		
	成员4		☆☆☆☆☆		
任务总结					

活动 2　调研线上采购的主要渠道

活动背景

　　陈龙在学习完线下货源渠道相关知识后,能根据所在城市找到一些合适的供货商,但是跨境电商行业需随时根据市场的变化及时开发新产品。因此,单纯依靠线下货源渠道是不够的,需要去了解线上的一些货源采购渠道。接下来,陈龙将带领团队的成员共同调研线上采购的主要渠道,为货源采购拓宽渠道。

🔲 知识准备

　　在做跨境电商中,产品要想长久地盈利,好货源才是关键,好货源就是基础,决定后期销量。接下来,陈龙和他的团队针对线上采购的主要渠道展开调研。

　1. 网上零散采购

　（1）平台介绍

　　①阿里巴巴跨境专供。目前很多的小卖家会选择在 B2B 平台上进行网上采购,如阿里巴巴平台。阿里巴巴平台专门提供了"跨境专供"板块,专为跨境卖家供货,以中低端产品为主,是一个综合型的供货平台,类目广泛,支持少量批发,一件代发、5 件 10 件起批等模式,减轻了备货资金压力,如图 2.3.1 所示。

图 2.3.1　阿里巴巴跨境专供板块

　　阿里巴巴跨境专供板块上的货源,性价比较高,质量有保障,售后服务完善,最重要的是所提供的货源在网页上有现成的产品描述、图片、尺码、认证等资料,为中小卖家提供了方便。

　　② FOBGOODS。FOBGOODS 是全球 B2B 商务信息平台,是中国最大的跨境电子商务平台。该平台以中高端且新奇产品为主,提供消费电子、美妆/个人护理、服装百货、家居建材、国际物流、汽配等热门领域的货源。

（2）网上零散采购的优劣势

网上零散采购的优劣势见表 2.3.4。

表 2.3.4　网上零散采购的优劣势

优势	劣势
①没有库存和滞销风险； ②产品种类丰富，配套配套； ③产品支持	①质量难以保证

2. 海外分

（1）海外

随着跨境

成为跨境卖家

比如：环球易购的环球华品网、赛盈、出口易 M2C 供销平台、雨果跨境等，都为中小型卖家
提供了优质货源和各种便利增值服务，图 2.3.2 为赛盈分销平台官网。

图 2.3.2　赛盈分销平台官网

（2）海外分销的优劣势

海外分销的优劣势见表 2.3.5。

表 2.3.5　海外分销平台的优劣势

优势	劣势
①提供商品照片以及英文描述； ②提供商品一件代发以及清关服务； ③没有库存和滞销风险	①商品价格一般来说比国内直接拿货价格高； ②商品质量没有保证

3.其他采购渠道

(1)社交朋友圈

借助"六度空间"理论,卖家通过认识的跨境电商朋友之间的相互介绍和推荐,有机会接触到各种货源的供应商,但前提是卖家有一定的人脉。

(2)逛论坛

可以在卖家和供货商云集的论坛里,发布需求寻找供货服务商。通过这种方式很快就能找到货源,但不一定是最合适的货源。如果发布信息的论坛知名度不高,供货商少,也很难挑选更好的货源。跨境电商专业性强、知名度高的论坛,如福步外贸论坛、亚马逊知无不言论坛等。

活动实施

以小组为单位,完成一份跨境电商线上货源采购计划。

步骤 1: 分组,选出小组代表,学生 4~5 人为一组,以阿里巴巴"跨境电商专供"、FOBGOODS、环球华品网、赛盈等几个大型平台为研究对象,登录并浏览平台,调研其货源类目、提供的服务,完成表 2.3.6。

表 2.3.6 大型平台调研

平台	主营类目	提供的服务
阿里巴巴 "跨境电商专供"		
FOBGOODS		
环球华品网		
赛盈		

步骤 2:按照之前提到的选品原则,选定拟上传平台的 5 款商品,在阿里巴巴"跨境电商专供"、FOBGOODS、环球华品网、赛盈等几个大型平台上寻找合适的货源,完成表 2.3.7。

表 2.3.7　货源寻找

选货平台	货源对应的店铺名称	货源价格

步骤 3：根据操作步骤，以 PPT 形式完成一份跨境电商选品货源采购计划，并在全班分享。

※ 活动评价 ※

任务实施完成后，由团队负责人（组长）任务评价表牵头开展自评及他评，完成任务评价表。

	成员	任务分工	组内表现 （五星互评）	自己的分工及表现 （自评）	组长评价 （他评）
任务 分工	成员 1		☆ ☆ ☆ ☆ ☆		
	成员 2		☆ ☆ ☆ ☆ ☆		
	成员 3		☆ ☆ ☆ ☆ ☆		
	成员 4		☆ ☆ ☆ ☆ ☆		
任务 总结					

项目检测

1. 单选题

（1）速卖通进驻需要缴纳一定的年费，其中大部分的类目是（　　）万元。

　　A.1　　　　　　B.2　　　　　　C.3　　　　　　D.4

（2）跨境电商平台选品原则中的"一个中心"是指（　　）。

　　A. 以店铺为中心　　　　　　B. 以商品为中心

　　C. 以平台大数据为中心　　　D. 以价格为中心

（3）跨境电商平台选品原则中，"两项杜绝"是指"我觉得"和（　　）。

　　A. 国外网红款　　　　　　B. 亚马逊热销款

　　C. 淘宝热销款　　　　　　D. 本店热销款

(4) 开通速卖通前，需要准备好相关的证书资料，主要包括身份认证资料和（　　　）。

    A. 银行卡　　　　　　　　　B. 户口本

    C. 跨境资格证　　　　　　　D. 品牌授权资料

(5) 在选品原则中，"人快我廉"是（　　　）。

    A. 针对产品的价格而言，同样质量情况下比价格

    B. 针对产品开发速度和订单发货速度而言，当大家都在想方设法地开发新品时，我们要以更快的速度完成产品的开发

    C. 对产品类目和款式的选择而言，要尽量避免进入红海竞争的阶段

    D. 在对产品的设计上，要努力对产品进行"微创新"，形成"新热卖款"

2. 多选题

(1) 以下属于自营平台优势的是（　　　）。

    A. 可以自主制订平台规则，打造个性化站点

    B. 入门容易，平台店铺初始成本较低

    C. 平台上一手数据资源可自由获取和利用

    D. 客户一旦认可，流失率低

(2) 以下属于跨境平台的是（　　　）。

    A. 亚马逊　　　B. 速卖通　　　C. Wish　　　　D. 天猫

(3) 以下属于跨境店铺选品原则的是（　　　）。

    A. 人无我有　　B. 人有我优　　C. 人我我新　　D. 人有我有

(4) 线下采购渠道通常分为（　　　）。

    A. 自营工厂　　B. 合格工厂　　C. 批发市场　　D. 选品大会

(5) 速卖通运营中，团队岗位一般分为（　　　）。

    A. 店长　　　　B. 运营　　　　C. 客服　　　　D. 美工与摄影

3. 判断题

(1) 第三方跨境平台的劣势是平台数据对卖家不完全透明，使用成本高。　　（　　　）

(2) 跨境店铺选品原则中"人新我快"是指针对产品开发速度和订单发货速度而言，当大家都在想方设法地开发新品时，店铺是否能以更快的速度完成产品开发。　　（　　　）

(3) 跨境店铺选品原则中"人廉我转"是指对产品价格而言，前面介绍了同样的价格比质量，这里是同样的质量比价格了。　　（　　　）

(4) "人有我新"主要在对产品的设计上，当发现平台上有一些热卖款以及时下流行的流行元素时，我们可以将这两者相结合，对产品进行"微创新"，从而形成"新热卖款"。

    （　　　）

(5) "选品专家"中有两个模块，分别是"热销"和"热搜"。　　（　　　）

4. 简答题

(1) 速卖通运营中，团队共分为哪几个岗位，工作内容分别是什么？

(2) 跨境电商平台有哪些？各个平台之间有何区别？

项目 3
注册店铺与上传商品

项目综述

　有了对跨境平台、商品和店源调查的基础，陈龙在张经理的帮助下，最终决心进军跨境电商行业，并选定速卖通平台作为创业平台，计划在这个平台上销售本公司的女装商品。于是，陈龙和其团队成员一起进入了速卖通官网的"全球速卖通大学"，学习更具体的平台操作技巧。公司跨境电商部门的成员也进行分工，着手准备店铺注册、店铺装修、商品上架等工作。

在真正实操过程中，陈龙团队面临着许多具体问题。首先，各跨境电商平台都有自己的商家入驻条件，并普遍在平台官网上为用户提供了详细的操作指引。陈龙需要仔细研究速卖通平台上店铺的进驻条件、申请流程、平台规则等，并在其指导下准备好入驻平台的资料，完成店铺的注册及认证工作。另外，在跨境电商平台上，商品上传的要求比在国内电商平台严格得多，在商品上传前如果不能充分了解平台的商品发布规则，很容易导致商品上传不成功、营销效果差，甚至会因操作不当而受到违规处罚。

项目目标

通过本项目的学习，应达到的具体目标如下：

素质目标

◇培养学生严谨细致、主动探究的工作态度；
◇重视对平台规则的学习，在操作过程中要做到守规则、明底线、讲诚信；
◇养成利用数据开展选品、运营工作的习惯。

知识目标

◇了解跨境电商平台店铺进驻条件和申请流程；
◇掌握商品上传时商品标题的撰写、商品定价的方法；
◇掌握在速卖通平台上传商品的方法与要求。

能力目标

◇能在速卖通平台独立完成店铺注册和认证工作；
◇能在速卖通平台成功发布商品；
◇能根据给定商品信息撰写合格的商品标题，并对其合理定价。

□ 项目思维导图

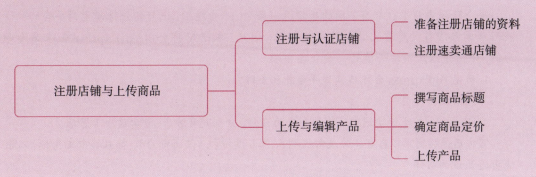

任务1 »»»»»»
注册与认证店铺

任务情境

对新手卖家而言，在确定进驻一个跨境电商平台前，需要先了解该平台规则、申请流程、进驻条件，并把相关资料准备齐全后才能够顺利完成店铺的注册工作。在此过程中，首先需要确定自己是否具备入驻该平台的资格与资质，备齐所需注册资料；其次，还要提前了解该平台规则，在未来工作中才能更加规范地开展店铺的运营工作，避免出现不必要的违规行为。

各跨境电商平台都为卖家提供了详细的"招商计划"，明确了入驻平台的条件，注册需要准备的资料和具体操作流程，陈龙登录速卖通平台的官网页面，开始投入新一轮的学习。

任务分解

为顺利完成店铺注册，需要做好以下两方面的工作：
①准备注册店铺的资料；
②注册速卖通店铺。

活动 1　准备注册店铺的资料

活动背景

在选定将速卖通平台作为团队的创业平台后，陈龙和其团队一起查阅了许多网络资料，认真了解全球速卖通平台的进驻条件、平台规则，着手准备注册店铺时需要的资质、资料，为下一步店铺注册做好充分准备。

知识准备

　　每个跨境电商平台都有不同的店铺进驻条件、平台规则,但大部分跨境电商平台的申请流程和需要准备的资质认证资料大致相似。因此,本活动将会以 AliExpress 全球速卖通为例,详细介绍店铺注册前的一些准备事项。

　　1. 研究 AliExpress 全球速卖通平台进驻条件

　　(1)店铺的类型

　　AliExpress 全球速卖通中店铺类型分为 3 种,分别是官方店、专卖店和专营店。

　　官方店是指商家以自有品牌或由权利人独占性授权(仅商标为 R 标且非中文商标)入驻速卖通开设的店铺。

　　专卖店是指商家以自有品牌(商标为 R 或 TM 状态),或者持他人品牌授权文件在速卖通开设的店铺。

　　专营店是指经营一个或一个以上他人或自有品牌(商标为 R 或 TM 状态)商品的店铺。

知识窗

　　我们经常会在各种商品包装或广告中看到商标上有"TM"或"R"标记。

　　"TM"是英文"trademark"的缩写,中文含义就是商标,其作用是声明相关文字、Logo 等已作为商标使用,予以区分商品来源,而不是名称或广告宣传。

　　"R"是英文"register"的缩写,中文含义是注册,"R"商标指已经获得商标局核准注册的商标。

　　"TM"商标仅代表该商标正在被使用,但不是受法律保护的注册商标;而"R"商标是已经得到了商标局核准注册,其申请人拥有了受法律保护的商标专用权,任何个人和组织都不得侵犯其商标专用权。

　　(2)店铺进驻条件

　　①个人卖家已无法开店,卖家需要有企业支付宝账号,通过企业支付宝账号在速卖通完成企业认证,当然还要有公司营业执照、对公账户、商标和全新的邮箱账号。

　　②卖家要拥有或代理一个品牌经营,根据品牌资质可以选择经营品牌官方店、专卖店或专营店 3 种类型。

　　③卖家需要交纳一定的技术服务年费,不同的类目年费不同,每满一年,优质的店铺有机会得到年费返还的奖励。但是每个速卖通账号只能选取一个经营范围,在这个经营范围下可经营一个或多个类目。

　　2.AliExpress 全球速卖通平台的注册规则

　　作为一个跨境电商运营者,必须时刻了解平台的最新注册规则,以便帮助运营者在经营店铺过程中少犯规。全球速卖通平台对注册人的身份、资质做出了明确的规定,具体见表 3.1.1。(扫码可了解"全球速卖通平台的其他规则")

全球速卖通平台的其他规则

表 3.1.1　全球速卖通注册规则

	标准销售计划	基础销售计划	备注
店铺的注册主体	企业	个体工商户 / 企业均可	注册主体为个体工商户的卖家店铺，初期仅可申请"基础销售计划"，当"基础销售计划"不能满足经营需求时，满足一定条件可申请并转换为"标准销售计划"
开店数量	不管个体工商户或企业主体，同一注册主体下最多可开 6 家店铺，每个店铺仅可选择一种销售计划		
年费	年费按经营大类收取，两种销售计划收费标准相同		
功能区别	可发布在线商品数小于等于3 000 个	①可发布在线商品数小于等于 500 个；②部分类目暂不开放基础销售计划；③每月享受 3 000 美元的经营额度（即买家成功支付金额），当月支付金额≥3 000 美元时，无搜索曝光机会，但店铺内商品展示不受影响；下个自然月初，搜索曝光恢复	无论何种销售计划，店铺均可正常报名参与平台的各种营销活动，不受支付金额限制

3.AliExpress 全球速卖通注册的资料准备

（1）速卖通官方店需要准备的资料

①商标权人直接开设官方店，需提供国家商标总局颁发的商标注册证（仅 R 标）。

②由权利人授权开设官方店，需提供国家商标总局颁发的商标注册证（仅 R 标）与商标权人出具的独占授权书（如果商标权人为境内自然人，则需同时提供其亲笔签名的身份证复印件。如果商标权人为境外自然人，提供其亲笔签名的护照 / 驾驶证复印件也可以）。

③经营多个自有牌商品且品牌归属同一个实际控制人，需提供多个品牌国家商标总局颁发的商标注册证（仅 R 标）。

④卖场型官方店，需提供国家商标总局颁发的 35 类商标注册证（仅 R 标）与商标权人出具的独占授权书（仅限速卖通邀请）。

（2）速卖通专卖店需要准备的资料

①商标权人直接开设的品牌店，需提供由国家商标总局颁发的商标注册证（R 标）或商标注册申请受理通知书（TM 标）。

②持他人品牌开设的品牌店，需提供商标权人出具的品牌授权书（若商标权人为自然人，则需同时提供其亲笔签名的身份证复印件；如果商标权人为境外自然人，提供其亲笔签名的护照 / 驾驶证复印件也可以）。

（3）速卖通专营店需要准备的资料

需提供由国家商标总局颁发的商标注册证（R 标）或商标注册申请受理通知书复印件（TM 标）或以商标持有人为源头的完整授权或合法进货凭证（各类目对授权的级数要求，具体见品牌招商准入资料提交为准）。

活动实施

以小组为单位,研究和准备速卖通平台注册时需要的注册资料。

步骤 1: 学生 4 ~ 5 人一组,并选出小组代表。以跨境电商平台速卖通为研究对象,根据小组选品确定店铺进驻平台的哪个商品大类(只能选一个大类),完成表 3.1.2。

表 3.1.2　选品

所属大类	
选品(至少5种)	

步骤 2: 登录速卖通平台,查找速卖通最新年度各类目保证金一览表,从中找到团队选定的商品大类,记录该大类需要缴纳的保证金金额是多少,明确该大类下可发布的商品类目,完成表 3.1.3。

表 3.1.3　明确保证金额及可发布商品类目

所属的经营大类	保证金	经营大类下可发布的类目

步骤 3: 登录速卖通,收集速卖通最新的年度类目资质要求,并与小组成员共同研究,从中找到团队选定的商品大类的资质要求,完成表 3.1.4。

表 3.1.4　收集年度类目资质要求

所属的经营大类	类目资质要求	选品是否符合要求

※ 活动评价 ※

任务实施完成后,由团队负责人(组长)牵头开展自评及他评,完成任务评价表。

任务评价表

	成员	任务分工	组内表现 (五星互评)	自己的分工及表现 (自评)	组长评价 (他评)
任务分工	成员 1		☆☆☆☆☆		
	成员 2		☆☆☆☆☆		
	成员 3		☆☆☆☆☆		
	成员 4		☆☆☆☆☆		
任务总结					

活动 2　注册速卖通店铺

活动背景

　　通过前期的学习,陈龙已经和团队成员一起查阅了大量的有关速卖通平台的进驻条件、注册资料以及平台规则,并且根据相关要求准备好了注册要用到的资料。在做好充分准备后,陈龙将带领团队成员一起完成注册工作。

🔲 知识准备

　　速卖通平台注册流程共分为 3 个步骤,如图 3.1 所示。

　　步骤 1:注册认证,主要涉及企业注册速卖通账号的认证工作,且需要有一个企业支付宝账号才能完成。

　　步骤 2:类目准入,以店铺开店流程为主,涉及店铺类型选择、经营大类确定以及商标申请等内容。

　　步骤 3:缴费发布商品,主要涉及保证金等相关费用的缴纳,以及商品发布工作。

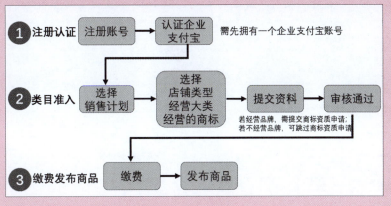

图 3.1.1　速卖通平台注册流程

活动实施

　　为完成店铺的注册,在准备资料后,陈龙需要登录全球速卖通官方网站,了解具体的注册步骤,并完成一个店铺的注册,为后面进行商品发布做准备。请你站在陈龙的立场,尝试按以下步骤依次完成店铺的注册工作。

　　步骤 1:申请账号。

　　第 1 步:进入全球速卖通官网,单击右上角"注册",如图 3.1.2 所示。

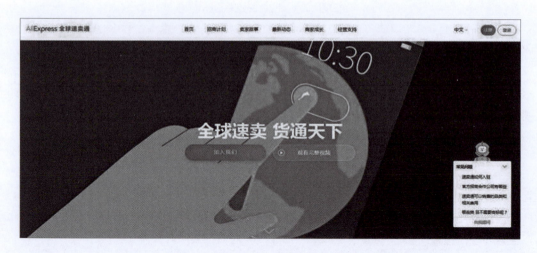

图 3.1.2　速卖通注册

第 2 步：输入你的电子邮箱，设置登录密码，密码确认后拖动滑块验证，勾选"同意遵守会员协议"选项，并点击"下一步"按钮，在图 3.1.3 中填写好注册的电子邮箱、登录密码。

需要注意的是，最好是没有注册过淘宝、天猫、1688 和支付宝的邮箱账号，以免账号信息混乱。

图 3.1.3　速卖通资料填写

第 3 步：登录邮箱获取验证码，在图 3.1.3 右边输入邮箱账号。

第 4 步：输入邮箱验证码，如果陈龙的邮箱收到验证码为 6688，在图 3.1.3 右边"校验码"中输入该验证码，点击"提交"按钮。

第 5 步：商家进行企业信息认证。从 2021 年 12 月 10 日起速卖通平台已限制个体工商户入驻，如图 3.1.4 所示，选择以下两种方式：

A. 企业支付宝认证　　　　　B. 企业法人支付宝认证

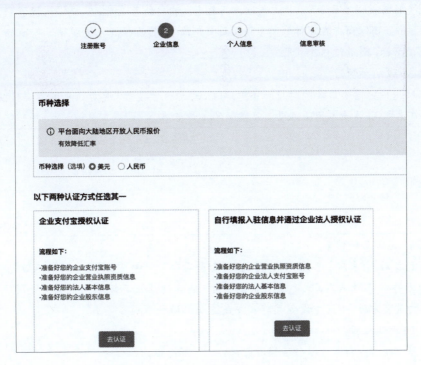

图 3.1.4 企业信息认证

第 6 步：注册完毕，等待速卖通平台审核。一般审核时间为 2 ~ 3 个工作日。审核成功后，即可打开登录链接，填写邮箱和密码，自动开通店铺。

步骤 2：提交入驻材料。

如图 3.1.5 所示，需要完成 4 个内容的资料提交，其中开通支付宝资金账户和开通经营大类、缴纳保证金是必须完成的两个内容，开通店铺和申请品牌经营权限是非必须内容。

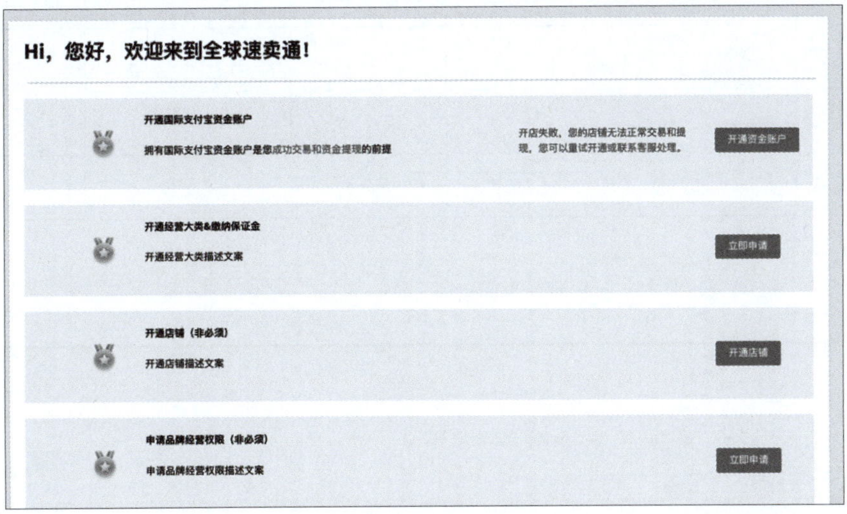

图 3.1.5 提交入驻材料

个别类目需提供类目资质，审核通过方可经营。若要经营商标，需提供商标资料，等待平台审核通过；若商家商标在商标资质申请页面中查询不到，可根据系统引导进行商标添加；若商家不经营商标，则跳过这个步骤。

步骤3：缴纳年费。

根据所选的经营类目缴纳对应的年费，可以通过网络搜索"速卖通年度各类目技术服务费年费一览表"，并找出本团队经营类目缴纳的年费标准。

> 经营类目：
>
> 年费标准：

步骤4：完善店铺信息。

付费完成后，商家需完善店铺信息，进入"卖家后台"——→"店铺"——→"店铺资产管理"，设置店铺名称和二级域名，域名设置需要参考"速卖通店铺二级域名申请及使用规范"，若商家申请的是官方店，则同步设置品牌官方直达及品牌故事内容。

步骤5：开店经营。

入驻基本完成，商家可以对店铺进行装修，发布商品。

※ 活动评价 ※

任务实施完成后，由团队负责人（组长）牵头开展自评及他评，完成任务评价表。

任务评价表

	成员	任务分工	组内表现（五星互评）	自己的分工及表现（自评）	组长评价（他评）
任务分工	成员1		☆ ☆ ☆ ☆ ☆		
	成员2		☆ ☆ ☆ ☆ ☆		
	成员3		☆ ☆ ☆ ☆ ☆		
	成员4		☆ ☆ ☆ ☆ ☆		
任务总结					

任务2 >>>>>>>
上传与编辑商品

任务情境

经过前期的努力,陈龙及其成员共同完成了店铺的注册,公司在速卖通平台上拥有了自己的店铺。接下来,团队开始准备选择适合上架的商品,并在速卖通平台上完成商品上传。

需要注意的是,速卖通平台上商家竞争激烈,每天都有无数的新品上架,如果在发布商品时不讲究标题的设计、合理的定价,盲目上传商品必然很难获得理想的曝光和流量。

任务分解

商品上传的质量对未来成交影响巨大,做好商品上传工作需要着重做好以下三方面:
①撰写商品标题;
②确定商品定价;
③上传与编辑商品。

活动 1　撰写商品标题

活动背景

商品上传后的一段时间,陈龙发现这些商品的曝光量和点击量始终没有达到理想效果,通过与一些有经验的平台卖家沟通,陈龙才意识到问题可能出在商品的标题上。

作为一名新卖家,在商品排名并不靠前的情况下,更应利用好商品标题这把利剑,选择一些便于买家搜索到的关键词组合标题,借此吸引更多的曝光量和点击量。

🖃 知识准备

一个商品能否在速卖通平台被买家下单购买,基本要经历一个这样的过程:

首先,买家进入速卖通首页搜索所需商品的名字,浏览展示的所有商品,查看主图、标题和价格等;再单击自己喜欢的商品,浏览附图、详情页和商品评价,最后下单购买。

由此可见,撰写一个优秀的标题,使其符合买家的搜索习惯,这是让商品被买家看到的有效方法之一。商品标题的撰写方法有以下几个步骤。

1. 查找商品对应的热搜关键词

买家是通过关键词搜索在速卖通搜寻心仪商品的,需要在卖家的商品标题中包含买家经常搜索的关键词,只有这样,当买家搜索这些关键词时卖家的商品才会展现在买家眼前。在速卖通后台,可以通过后台数据查询和筛选这些关键词。

如图 3.2.1 所示,首先找到"数据纵横"栏目,然后单击"搜索词分析"。

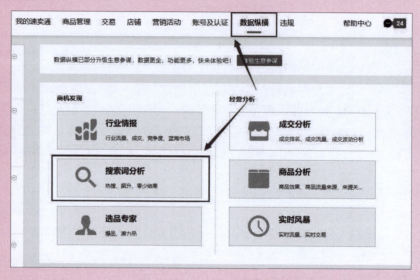

图 3.2.1　搜索词分析

在搜索词分析里,可以看到有 3 种关键词:热搜词、飙升词和零少词。我们可以在这些词中筛选出商品标题可以用到的关键词。

具体的操作步骤:比如在热搜词里,选择商品的三级或四级类目,选择国家为"全球",选择时间为"最近 30 天",单击"确定"按钮,如图 3.2.2 所示,这样就可以看到即将上传商品的所有热搜。

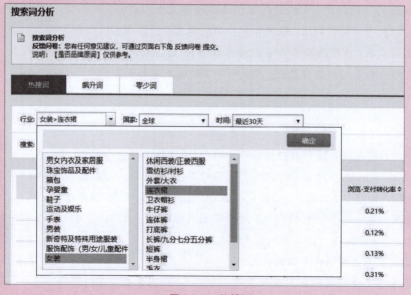

图 3.2.2　热搜词

　　在这些热搜词中, 再按照"搜索人气"或"搜索指数"降序排列, 就可以筛选出相应商品对应的最热搜的关键词, 从中了解哪些关键词被买家搜索得最多, 如图 3.2.3 所示。

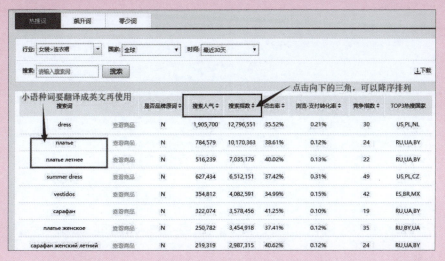

图 3.2.3　热搜词分析

　　同样的方法也可以筛选在短时间内热度迅速攀升的关键词, 即飙升词, 如图 3.2.4 所示。

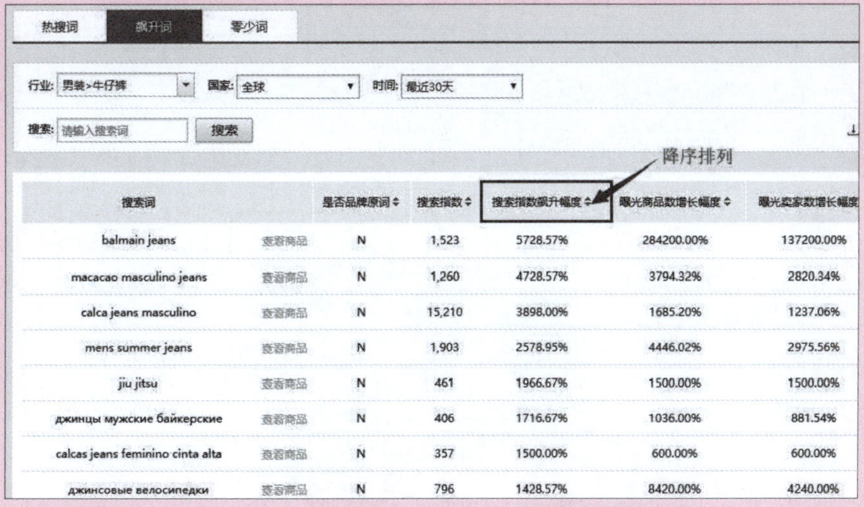

图 3.2.4　飙升词

2. 查找商品对应的热搜属性词

　　除了上面提到的热搜词和飙升词, 还需要查找商品对应的热搜属性词, 因为买家在搜索商品时一般会使用属性词。比如在"Phone case silicon"中, "silicon"就是属性词, 它的主要作用就是精准描述出商品的材质、特点、颜色等商品属性。

　　可以用速卖通后台的"选品专家"查找商品的热搜属性词。在"数据纵横"里单击"选品专家", 就可以进入热搜和热销属性的页面。然后单击"热搜", 找到需要上传商品的类目, 国家选择"全球", 时间选择"最近 30 天"。再单击要上传的商品, 如图 3.2.5 所示中的"jeans"。

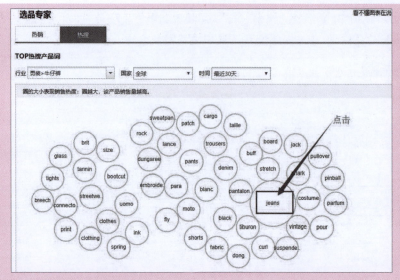

图 3.2.5　查找热搜属性词

在下拉框中，可以看到"jeans"这款商品的热搜属性值，挑选出圆圈比较大的，加入之前做的 Excel 表格中。比如图 3.2.6 中，Waist Type 对应的最大属性词为"Mid"；Jeaus Style 对应的最大属性词为"Straight"；Fit Type 对应的最大属性词为"Straight"。

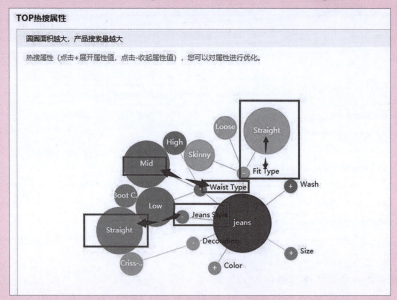

图 3.2.6　热搜属性词查找结果

至此，关键词表中已经有了"热搜关键词""飘升关键词"和"热搜属性词"。

3. 组合商品核心词和属性词形成标题

前面的两步是前提和基础，而最终的目的是利用查找结果组合出能够吸引曝光和流量的标题。在撰写速卖通标题时，要注意以下几个细节：

①核心关键词尽量靠前。速卖通的标题最多可以容纳 128 个字符，也就是 20 个以内的

单词。关键词越靠前,在前台搜索时权重就越大,被搜索引擎收录的概率也就更大,所以以重要的核心关键词为前提,甚至放到标题的最前面。

②语法不要求严谨成句,但是要有一定的语法逻辑,比如首字母大写、介词搭配合理等。

③核心词和属性词搭配使用,可适当重复核心词, 比如图 3.2.6 中的 jeans 就可以在标题的前、后部分各出现一次。

④标题要写满 128 个字符,尽量不要有空余。因为不知道买家最终会通过哪个关键词搜索到商品,所以不要小瞧任何一个字符的作用。

掌握了以上 4 点细节,最后要做的就是关键词的布局,一般速卖通的标题可以这样布局:1 个类目词,最多 2 个核心词热搜词,1 ~ 2 个飙升词,5 个左右属性词,具体示例如图 3.2.7 所示。

> **▌标题的拟定**
>
> ▌标题用词: 1 个类目词, 最多 2 个核心词热搜词, 1-2 个飙升词, 5 个左右属性词
>
> ▌标题顺序: 品牌 + 属性词 1 + 核心热搜词 1 + 属性词 2 + 飙升词 1 + 属性词 3 + 核心热搜词 2 + 属性词 4 + 飙升词 2 + 属性次 5
>
> ▌标题举例: EOFK PU Women Flat Shoes Rubber zapatos mujer Platform Women's Ladies Casual Flats Slip On Moccasins for Spring Autumn

图 3.2.7　关键词布局

图 3.2.7 中关于标题排序的建议并非一成不变,例如图中排在最前面的是品牌词,如果你的品牌在速卖通平台或者在线下有一定影响力和认知度,可以把品牌词写在最前面;但是,如果你的品牌并没有较大的影响力和较高的认知度,就可以不写品牌词,而是让核心词、关键词更靠前。

活动实施

以小组为单位,利用书中所教的方法,完成商品标题的撰写任务。

步骤 1:学生 3 ~ 4 人一组,选定本组组长。请扫描二维码,下载"热搜关键词"和"飙升关键词"资源包,经小组讨论后,从资源包提供的数据中分别筛选出 10 个关键词填入表 3.2.1 中。

热搜词

飙升词

表 3.2.1　查找任务和结果

热搜关键词(10 个)	飙升关键词(10 个)

步骤 2:组长汇总各组员撰写的标题,汇总后组织小组讨论,从中确定或修改出一个最终的商品标题,填入表 3.2.2 中。

表 3.2.2　商品标题

负责人	商品标题
成员 1	
成员 2	
成员 3	
成员 4	
最终标题	

步骤 3: 各小组总结在拟定标题过程中遇到的问题以及解决的方法,填入表 3.2.3 中。

表 3.2.3　遇到的问题及解决的方法

问题	解决方法

※ 活动评价 ※

任务实施完成后,由团队负责人(组长)牵头开展自评及他评,完成任务评价表。

任务评价表

	成员	任务分工	组内表现 (五星互评)	自己的分工及表现 (自评)	组长评价 (他评)
任务分工	成员 1		☆☆☆☆☆		
	成员 2		☆☆☆☆☆		
	成员 3		☆☆☆☆☆		
	成员 4		☆☆☆☆☆		
任务总结					

活动 2　确定商品定价

活动背景

在速卖通平台上,商品通过标题、关键词进入买家视线之后,最终吸引买家点击进入商品链接的一个重要因素就是商品的价格。在翻阅了大量的线上线下定价资料之后,陈龙开始对上架商品的成本进行计算,为商品制订一个既能保证合理利润,又有相对竞争力的价格。

▢ 知识准备

当商品通过标题和关键词进入买家视线之后,哪些要素是促成买家从观看到点击的关键要素呢? 这些要素包括商品主图、颜色选择、好评度、历史订单数量和商品价格,其中价格是特别重要的一个要素,特别在现阶段以商品性价比为重的速卖通平台,给商品定价就显得尤为重要。

想要科学合理地给商品定价,就要掌握如下几个知识点:速卖通商品的价格构成、速卖通商品的定价要点和速卖通商品的定价策略。

1. 速卖通商品的价格构成

想要给商品定价,就要知道商品价格的构成。商品价格一般由商品成本和商品利润构成,要先分析速卖通商品的成本。如图 3.2.8 所示, 速卖通商品成本大概包括这三个部分:商品成本、运费和佣金 + 损耗。

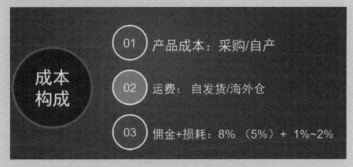

图 3.2.8 商品成本构成

商品成本根据卖家的性质不同分为采购成本(贸易型卖家)或自产成本(工厂型卖家)。

运费又分为自发货运费和海外仓运费。自发货是指卖家从中国直接发货到国外,海外仓是指卖家自己在海外设置仓库或使用第三方服务商的海外仓库。

佣金是速卖通平台对每笔订单收取的金钱,平台目前根据不同的类目按订单金额的 5% 或 8% 进行征收。而损耗是指因商品或物流原因导致的一些客户提起纠纷进而产生的退款,一般按 1%~2% 计算。

了解成本的构成,再加上预期利润,就可以大概核算出一款商品的最终价格,当然这个价格只是初步定价,还要结合下面的定价要点和策略决定最终定价。

2. 速卖通商品的定价要点

当核算出了商品大概的价格范围之后,在给商品定价时,还要注意以下一些细节和要点。

(1)尽量对主要国家包邮

在国内淘宝天猫购买商品,大部分买家喜欢挑选包邮的商品,这在跨境电商平台也是一样的。海外消费者在选购商品时也是偏向包邮商品。在速卖通平台也有"Free shipping"的搜索选项,一旦客户选择了这个选项,如果卖家没有设置包邮,那么商品就不能展示在买家眼前,如图 3.2.9 所示。

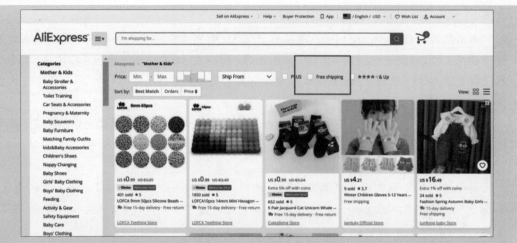

图 3.2.9   Free shipping

（2）尽量以小数结尾而不是整数

19.99 的商品会让买家觉得这款商品的价格是十几块钱，从而提升下单概率，尽管它其实更接近 20 美元。所以要利用好"心理暗示"巧妙地给商品定价。

（3）区域调价，提升利润率

当我们对主要国家做了包邮设置之后，会发现有些国家的运费其实是很高的，这会导致利润下降甚至亏本，这时就可以在区域调价上做文章。比如，可以针对运费较高的国家（例如巴西、阿联酋、沙特阿拉伯等国家）调价上升 10%，这样在保证了包邮的前提下又提升了商品利润。

在速卖通平台，常见的定价方法有以下几种，大家可以根据自己的实际情况选择使用。

①成本＋利润定价法。这是最常见和最基础的定价法，也是大家都要掌握的定价方法。这种定价法需要掌握一个定价公式，即商品价格 ＝[（成本＋成本利润）/（1- 类目佣金 - 损耗率）]/ 汇率。

其中，成本包括采购成本、运费及各种费用支出；利润为卖家自己预期想赚取的利润，汇率则以当月的汇率来计算。

如商品采购成本 30 元，运费 20 元，类目佣金 8%，损耗 1%，汇率 6.8，预期利润 15%，那么商品价格是：

产品价格 ＝[（50 元 +50 元 ×15%）÷（1-8%-1%）]/6.8＝9.29 元

②价格落于热销区间。在速卖通买家搜索界面前台，还可以看到价格"热销区间"的导航栏，比如在图 3.2.10 中，搜索"Blouses & Shirts"会发现 40% 的买家会购买 $9.33 ~ $13.59 这个价格区间的商品。

如果商品定价在这个区间仍然有利润，就可以将价格定在这个区间内，因为这个价格是有热销权重的，商品也比其他价格有更大的概率成交。

③价格由低到高慢慢提升。在任何电商平台，不管是国内电商还是跨境电商，高性价比或低单价的商品都更受买家欢迎，更热销。而且一款商品如果有了更多的订单和好评的积累，其排名会更靠前，从而获得更多的流量和订单。所以可以利用这个规律给商品定价，给上架

的商品在初期定一个低价，以获取足够的流量、订单和好评，等订单量稳定了再慢慢提价。前期靠价格带动销量，后期靠销量拉动利润。当然在低价时期，可能会没有多少利润甚至亏损，但是从长远来看这些战略性亏损是值得的。

图 3.2.10　热销区间

④个别商品订超高价，吸引偶然流量。与上面的低价策略相反，还可以使用高价策略。在速卖通的搜索界面前台，有个按照价格筛选的导航栏，既可以把价格升序排列（价格从低到高展示），也可以把价格降序排列（价格从高到低展示），如图 3.2.11 所示。大部分卖家会考虑上传低价商品以求价格升序排列时排名更靠前，而很少有卖家会选择把价格定为最高，而我们就可以利用这一点给商品设置超高价格，从而获取这一部分流量，虽然这一部分流量不是很多，但是流量带有一定程度的偶然性。

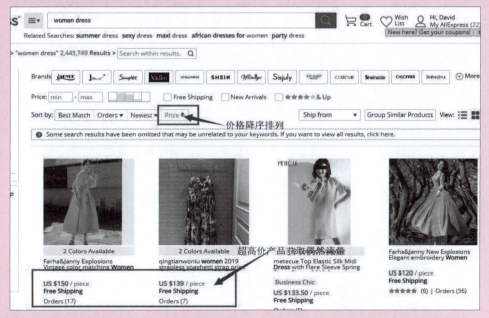

图 3.2.11　价格降序排列

当然,在设置超高价时,要在该商品的详情页顶部设置相应的关联营销,如图 3.2.12 所示。因为通过超高价进入的买家一般是不会以这么高的价格成交的,但这样可以吸引买家看到并且点击店内其他相关或类似的低价商品,进而促成交易。

图 3.2.12　关联营销

活动实施

以小组为单位,分 4 个步骤完成商品的定价任务。

步骤 1:学生 3 ~ 4 人一组,选定本组组长。

步骤 2:假如表 3.2.4 中展示的是小组拟上传平台的商品,请分析商品的成本构成,并由组长按照 4 种不同的定价策略,分配组员尝试用不同的定价方法对特定商品进行定价,完成表 3.2.5。

表 3.2.4　商品信息

商品图片	商品信息	补充信息
	品名:羊毛衫 成本:人民币 90 元 重量:458 克 目的国:美国 国际运费:50 元 类目佣金:8%	损耗 1%,汇率 6.8,预期利润 15%

表 3.2.5　小组任务分工

		具体任务			
		成本＋利润定价	热销区间定价	过程性调价（由低到高）	超高价策略
成员名单	成员 1（　　）				
	成员 2（　　）				
	成员 3（　　）				
	成员 4（　　）				
请在所负责的定价策略下画√					

步骤 3：组长组织组员完成商品的定价，组长汇总并且对比价格差异，经小组讨论，从中确定最终的商品价格，完成表 3.2.6。

表 3.2.6　商品定价结果

		具体任务				
		成本＋利润定价	热销区间定价	过程性调价（由低到高）	超高价策略	最终的定价选择
成员名单	成员 1（　　）					
	成员 2（　　）					
	成员 3（　　）					
	成员 4（　　）					

步骤4：每个小组总结出各种定价策略的优缺点，并且形成文字报告，以PPT方式在全班展示。

※ 活动评价 ※

任务实施完成后，由团队负责人（组长）牵头开展自评及他评，完成任务评价表。

任务评价表

	成员	任务分工	组内表现（五星互评）	自己的分工及表现（自评）	组长评价（他评）
任务分工	成员 1		☆ ☆ ☆ ☆ ☆		
	成员 2		☆ ☆ ☆ ☆ ☆		
	成员 3		☆ ☆ ☆ ☆ ☆		
	成员 4		☆ ☆ ☆ ☆ ☆		
任务总结					

活动3　上传产品

活动背景

　　陈龙团队已经做好了选品工作,准备好了商品图片和商品标题,给商品确定了上架价格,之后就要在后台将商品上架到平台上。那么如何上架才能让商品完美展示在买家面前呢?

□ 知识准备

　　登录速卖通后台,单击后台的"商品管理",在商品管理界面的左右两边都有"发布商品"按钮,如图3.2.13所示,任意单击其中一个按钮都可以进入商品发布界面。速卖通的商品发布界面包括以下4个模块。

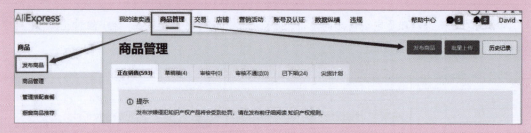

图3.2.13　发布商品

1. 基本信息模块

基本信息模块包含以下5个内容。

　　发布语系。如图3.2.14所示,默认是英语,但是卖家可以根据自己的语言特长选择除汉语外的17种语言,商品发布到前台后,平台会根据买家所在国自动翻译成当地语言。

　　商品标题。标题最多容纳128个字符,具体的拟订方法可以参见本项目的活动1。

　　类目。类目要精确到最底层的子类目,比如陈龙要上传的"女士平底鞋",就要按鞋子→女鞋 → 平底鞋的顺序选择。

图3.2.14　基本信息

　　商品图片。在上传商品图片时既可以从计算机本地上传,也可以先把商品图片上传到图片银行,然后再从图片银行上传。商品图片的具体要求如下:

　　5 MB以内JPG、JPEG格式;横向与纵向比例1:1(像素大于800×800),且所有图片比例一致。商品主体占比建议大于70%,风格统一,不建议添加促销标签或文字。

　　商品视频。商品视频是选填项目,卖家可以根据自身情况选择是否上传视频。如果要上传视频，需要按如下要求上传：2 GB 以内，avi、3 gp、mov 等格式。建议视频长宽比与商品主图保持一致，时长在 30 s 以内。

特别强调，商品的首图是商品获取点击的重要因素，而 5 张附图是商品形成订单转化的重要因素，一定要重视。建议卖家把商品的主要卖点都展示在这 6 张图片里。

商品属性。商品上传完整度的重要指标，完整且正确的商品属性有助于提升商品曝光率。所以，要尽量把所有的属性都填满，做到属性填写率为 100%。

另外，当必填属性都填满之后，还有自定义属性可以添加填写，如图 3.2.15 所示。建议把自定义属性用之前讲到的热搜属性去填满，以尽可能地获取平台更多的热搜流量。

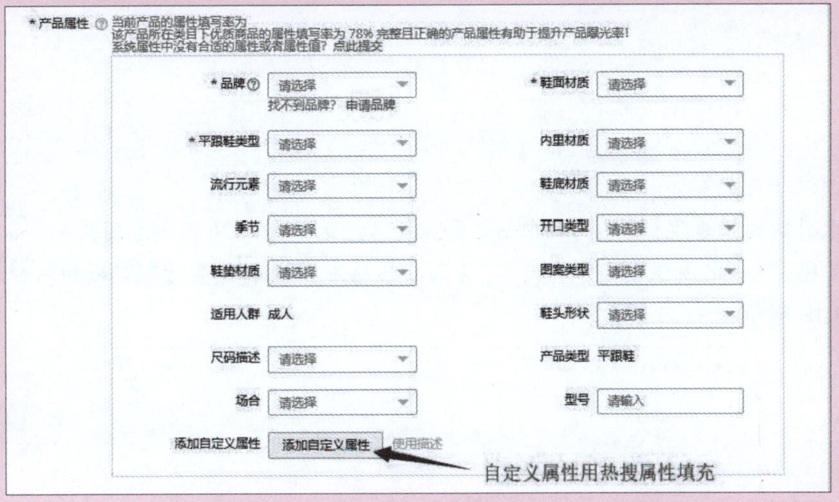

图 3.2.15　商品属性

2. 价格与库存模块

以鞋子这类商品上传为例，价格与库存模块包含以下 8 个内容。

（1）最小计量单元

如图 3.2.16 所示，最小计量单元中有"按件 / 个出售""按袋出售""按桶出售""按打出售"等，一般情况下做的是零售，选择按"件 / 个"出售即可。

（2）销售方式

销售方式可以选择"按件出售"和"打包出售"，如果选择打包出售，那么后续设置价格时就要设置为整包的价格，比如一包 10 件，每件 1 美元，那么整包价格要设置为 10 美元。

（3）颜色

如图 3.2.17 所示，既可以在下拉框中选择商品颜色的主色系，也可以对颜

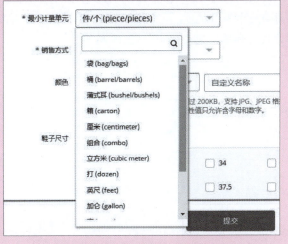

图 3.2.16　最小计量单元

色进行自定义命名。如果商品颜色不在主色系之内,可以随便选择一种颜色然后对其进行命名。比如要上传一款"豹纹"色的鞋子,可以先选择"褐色",然后对其自定义命名为"豹纹色",这样前台商品展示时颜色就显示文字为"豹纹色"。

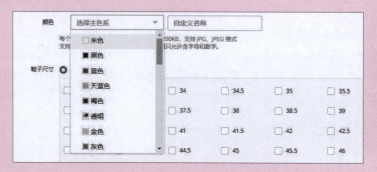

图 3.2.17　选择颜色

（4）鞋子尺寸

对于鞋服卖家来说,商品的尺寸一定要注意只能选择欧洲尺码和美国尺码。如果商品只有中国尺码,那一定要做好尺寸的换算,否则所售商品会遭遇大量货不对码的纠纷和退换,如图 3.2.18 所示。

图 3.2.18　选择尺寸

（5）发货地

在发货地的选择上,如果只有中国仓库,那么只有选择 CN;如果有其他国家的海外仓比如美国,那么可以选择 US。然后针对不同的发货地、尺码、颜色填入相应的商品价格、库存数量和商品编号。如果商品价格、库存数量和商品编号都是一样的,则可采用"批量填充"方式全部填写完成,如图 3.2.19 所示 。

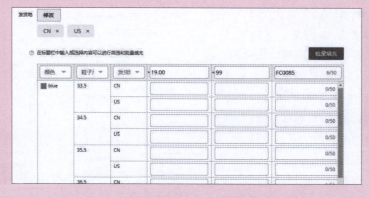

图 3.2.19　填写发货地

（6）区域定价

区域定价的作用是帮助解决一些国家运费过高,容易产生标准化定价,导致这个国家的订单因为运费而亏损的问题。比如图 3.2.20 中的"Saudi Arabia 零售",这个国家的运费是比较高的,那么可以在商品价格上对这个国家提升一定的比例,填入调价框,以免亏损。

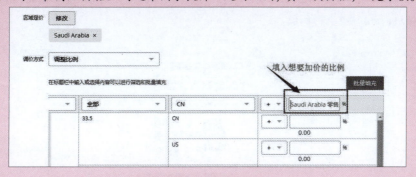

图 3.2.20　填写区域定价

（7）尺码表

如图 3.2.21 所示,在尺码表里,可以下载平台的模板,编辑完成之后上传到平台,这样以后对于类似的商品就可以直接选取相应的尺码表。

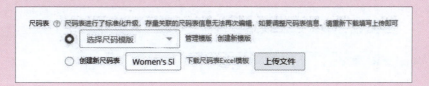

图 3.2.21　填写尺码表

（8）批发价

在图 3.2.22 的页面中,还可以对商品设置批发价折扣,以促成客户一个订单多买几件商品,从而提升销售额和利润率。只要设置一个批发数量和折扣,批发价就会在前台展示。

批发价　☑ 支持　起批量 [3]　零售价基础上减免 [8] % (9.20) 折

颜色	鞋子尺寸	发货地	零售价(USD)	起批量(件)	批发价(USD)
blue	33.5	CN		3	0.00
blue	33.5	US		3	0.00

图 3.2.22　设置批发价折扣

3. 详情描述模块

商品详情描述是买家从点击到购买至关重要的一环。一个好的商品详情描述能促使买家产生兴趣、激发需求、产生信任、最终参与购买。

详情描述的"新版编辑器"功能全新升级,主要有以下几个特点:

① PC 和无线端的详情描述一键同步,无须重复编辑。

② 图文分离,更好地支持多语言翻译。

③ 新增视频模块,更全面地展示商品卖点。

进入编辑器后,卖家可以根据自己的喜好选择相应的描述内容,包含图文、图片、视频、文字等模块,如图 3.2.23 所示。

图 3.2.23　详情描述

4. 包装与物流模块

图 3.2.24 中显示的是包装与物流信息,该部分要填写发货日期,物流重量和物流尺寸以及选择运费模板和服务模板。

其中物流重量和物流尺寸是指商品打包后的重量和外箱尺寸,并不是商品自身的重量和尺寸。关于物流部分,详细内容将在项目 4 中作详细介绍。

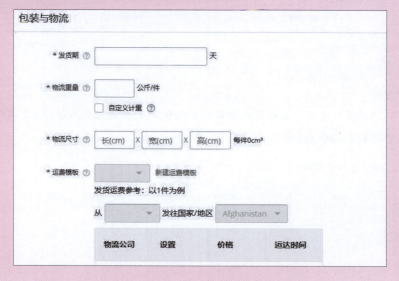

图 3.2.24　包装与物流

活动实施

利用书中所教的方法,分 4 个步骤完成商品的上传任务。

步骤 1:挑选一款适合在速卖通平台销售的女鞋。

步骤 2:准备产品包。在正式上传商品前,请按以下要求做好上传商品的准备,并以表格或文档的形式制作商品包，完成表 3.2.7。

表 3.2.7　商品包内容

图片准备	至少包括 1 张主图和 5 张附图
标题准备	
产品属性	必填：　品牌 _____　　鞋面材质 _____　　鞋类型 _____ 选填：　内里材质 _____　　流行元素 _____　　鞋底材质 _____ 　　　　适合季节 _____　　适用人群 _____　　鞋头形状 _____ 　　　　尺码描述 _____　　其他 _____
成本与定价	成本 _____　　利润率 _____　　定价 _____
进货来源	若属于线上批发市场采购，输入采购链接，随时查看批发网站的库存情况 库存 _____　　价格 _____　　起批量 _____

竞品跟踪	线上跟踪 3～4 家速卖通平台上卖相似款的竞争对手的店铺，可分别跟踪记录在平台上销量高、评价好、价格有优势的竞品，连续一周每天记录竞品的销售情况。						
	记录日期	竞品链接	价格	销量	标题	促销	评价

步骤 3：设计商品详情页。以图文混排的方式，在上传商品的详情页模块上设计该商品的详情页。也可用文档、图片、Word 等工具设计一个商品的详情页，并在全班展示你的设计思路、构成要素和呈现效果。

步骤 4：在速卖通平台上完成商品的最终上传。

以 PPT 形式向全班展示商品上传后的呈现效果，并汇总小组在商品上传过程中遇到的具体问题及提出的解决方法，完成表 3.2.8。

表 3.2.8　遇到的问题及解决的方法

实训疑惑	解决方法

※ 活动评价 ※

任务实施完成后，由团队负责人（组长）牵头开展自评及他评，完成任务评价表。

任务评价表

	成员	任务分工	组内表现 （五星互评）	自己的分工及表现 （自评）	组长评价 （他评）
任务 分工	成员1		☆ ☆ ☆ ☆ ☆		
	成员2		☆ ☆ ☆ ☆ ☆		
	成员3		☆ ☆ ☆ ☆ ☆		
	成员4		☆ ☆ ☆ ☆ ☆		
任务 总结					

项目检测

1. 单选题

（1）在 AliExpress 全球速卖通以自有品牌或由权利人独占性授权（仅商标为 R 标且非中文商标）入驻速卖通开设的店铺是（　　）。

A. 官方店　　　　　　B. 专卖店　　　　　　C. 专营店　　　　　　D. 旗舰店

（2）register 中文含义是（　　）。

A. 商标　　　　　　B. 注册　　　　　　C. 登录　　　　　　D. 品牌

（3）放款是指卖家同意，在卖家遵守速卖通的特别约定、相关协议及速卖通规则的前提下，速卖通有权在卖家发货后，同时满足速卖通规定的其他条件后，安排将交易款项放款至卖家的国际支付宝账户，在发货后的一定期间内进行放款，最快放款时间为发货（　　）天后。

A.2　　　　　　B.3　　　　　　C.4　　　　　　D.5

（4）速卖通的标题最多可以容纳（　　）个字符。

A.118　　　　　　B.125　　　　　　C.128　　　　　　D.130

（5）商品采购成本 60 美元，运费 40 美元，类目佣金 8%，损耗 1%，汇率 6.8，预期利润 15%，那么商品价格是（　　）美元。

A.9.29　　　　　　B.16.58　　　　　　C.18.48　　　　　　D.18.58

2. 多选题

（1）全球速卖通卖家入驻要求是（　　）。

A. 卖家必须拥有一个企业支付账号　　　　B. 卖家须缴纳技术服务年费

C. 卖家须拥有或代理一个商品品牌　　　　D. 卖家须拥有一张外国银行卡

（2）跨境电商商品的定价要考虑的因素很多，应考虑（　　　）。

    A. 商品类型　　　　　　　　　　　　B. 商品的特质

    C. 同行竞品价格水平　　　　　　　　D. 汇率

（3）速卖通的商品发布界面包括（　　　）等模块。

    A. 基本信息　　　　　B. 价格与库存　　　　C. 详情描述　　　　D. 包装与物流

（4）速卖通商品的成本大概包括（　　　）。

    A. 商品成本　　　　　B. 运费　　　　C. 佣金　　　　D. 损耗

（5）在 AliExpress 全球速卖通中店铺类型分为（　　　）。

    A. 官方店　　　　　B. 专卖店　　　　C. 专营店　　　　D. 旗舰店

3. 判断题

（1）全球速卖通的交易规则主要对 5 个交易内容进行规范，包括成交不卖与虚假发货、货不对板与违背承诺、不正当竞争与不法获利、信用与销量炒作、物流与纠纷。

                                （　　　）

（2）限售商品：指因涉嫌违法、违背社会道德或违背平台发展原则等原因，而禁止发布和交易的商品。　　　　　　　　　　　　　　　　　　　　　　　　　　　　（　　　）

（3）"TM"是英文"trademark"的缩写，中文含义就是商标，其作用是声明相关文字、LOGO 等已作为商标使用，予以区分商品来源，而不是名称或广告宣传。　（　　　）

（4）海外买家在选购商品的时候也是偏向包邮商品，因此在速卖通平台上传产品时尽量选择"Free shipping"。

                                  （　　　）

（5）标题排序是有严格的规定的，建议商品标题排在最前的是品牌词。

                                  （　　　）

4. 简述题

（1）速卖通官方店需要准备的资料有哪些？

（2）简述速卖通商品的定价要点。

项目 4
选择国际物流与设置物流模板

▢ 项目综述

物流在跨境电商运营中具有独特的地位及影响力，在很大程度上关系到一笔订单能否顺利完成、能否获得可观利润。目前，国际快递有多种渠道，每种渠道有着自己的优势航线和服务特点，这就需要卖家根据自身需要，筛选适合自家商品运输要求的物流渠道。

陈龙的店铺在完成商品上架的工作后，也很快迎来了新订单，这也给陈龙带来了发货的挑战。为了能够顺利发货，陈龙将开启自己的又一个探索和学习之旅，着手调研跨境电商物流的渠道和特点，为店铺的订单选择适合、经济、合理的物流方式。并不断优化店铺的物流模板，让店铺运营更平稳、高效。

▢ 项目目标

通过本项目的学习，应达到的具体目标如下:

素质目标

◇工作中能自觉坚守运输安全底线，做守规矩、重规则的跨境电商卖家;

◇在物流运费计算过程中，养成科学、客观、严谨的研究态度;

◇通过对不同物流路线模板的设置，形成精益求精的工作态度。

知识目标

◇了解跨境电商物流的特点和分类;

◇熟悉主要跨境电商物流企业的业务特点;

◇了解跨境电商物流的计费标准和方式;

◇熟悉运费模板的设置流程。

能力目标

◇能运用计算公式计算商品的跨境物流成本;

◇能够综合考虑自身产品的特点和对物流服务的要求，为店铺选择适合的物流方式;

◇能够独立完成运费模板的设置。

☐ 项目思维导图

任务1 ⟫⟫⟫⟫⟫⟫
调研跨境电商物流

任务情境

经过一番严谨、仔细的跨境电商平台调研后，陈龙在速卖通平台顺利地开通了店铺，并上传了商品。很快，店铺迎来了一个来自巴西客户的订单，陈龙的跨境电商之旅也迎来了新的考验，如何才能在规定时间内把商品交到客户的手上呢？

公司张经理建议陈龙不要着急，应先去了解提供国际物流服务的公司有哪些，不同物流公司对商品的寄送有哪些要求，它们各自有哪些运输的优缺点，以及跨境物流成本如何计算等一系列问题，这样才能做出正确的物流选择。

任务分解

为企业选择合适的、经济的跨境物流公司，需要依次完成以下两个工作任务：

①调研跨境电商物流；

②计算跨境物流成本。

活动1 调研跨境电商物流渠道

活动背景

陈龙的店铺迎来了第一个订单。但是，订单只是业务的开始，陈龙需要在规定时间内完成发货，妥投之后才能顺利收回货款。陈龙在同行的介绍下联系了多家跨境电商物流企业，发现每一家的报价和服务内容都各不相同，有的物流企业的报价甚至超过了订单的价值，陈龙不禁疑惑，为什么不同的物流企业的运费报价会有如此大的差异？

为解开这个疑问，陈龙决定对跨境电商物流行业展开调研，尽快地为店铺的订单选择一个最合适、最经济的物流方案。

□ 知识准备

1. 跨境电商物流的特点

跨境电商物流不同于国内物流，如图 4.1.1 所示，跨境物流距离远、时间长，中间会涉及离境、进境的清关手续，流程复杂，相较国内物流而言，风险更大、成本更高、物流跟踪更难，一旦包裹在境外出了问题，处理和理赔的难度也很大。

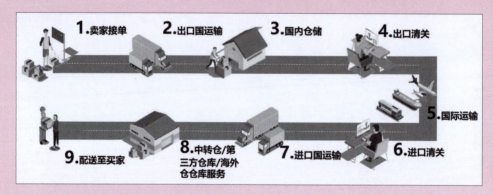

图 4.1.1　跨境电商物流运输过程

🎙 说一说

一件重量约 0.5 kg，包装后体积为 15 cm×10 cm×5 cm 的普通衣服，从中国广州出发寄到美国纽约，2022 年的邮政官网报价显示运费为 80 ～ 280 元不等，时效为 5 ～ 27 天，通常来说，选择时效越快的物流方式，需要支付的运费就更高。

请结合你在国内寄件的生活经历，谈一谈相似商品在国内寄件时，物流时效大约为_____天；物流成本约为_____元；运输中存在的风险有哪些？

经过以上对比，请谈一谈跨境电商物流与国内物流的区别。

发往：美国，包裹，重量:0.5KG

网络类别	总运费(元)	参考时效(工作日)
国际epacket	82.50	8-23天
邮政航空小包	106.20	12-27天
大包SAL	119.83	10-25天
USPS小包美国	143.93	5-12天
USPS美国带电	174.64	5-12天
大包航空	176.43	7-15天
EMS(经济)	265.00	7-10天
EMS-国际	281.00	5-9天

2. 跨境电商物流渠道

当前跨境电商物流的主要渠道有邮政物流渠道、商业快递渠道、国际专线渠道、海外仓渠道。这几种物流渠道各自的特点如图 4.1.2 所示。

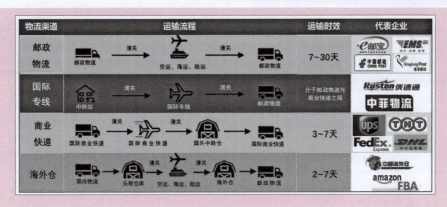

图 4.1.2 跨境电商物流的主要渠道

（1）邮政物流渠道

邮政物流渠道是指通过世界各地邮局将本地商品送到海外买家手里的寄送方式。

①中国邮政挂号小包。中国邮政挂号小包又称中国邮政航空小包、邮政小包、航空小包，是中国邮政针对 2 kg 以下的小件物品推出的国际物流产品。

中国邮政小包提供平邮小包和挂号小包两种产品。二者的区别在于挂号小包要额外收取挂号费，并能获得包裹的物流跟踪信息。中国邮政小包的寄件特点见表 4.1.1。

表 4.1.1 中国邮政小包的寄件特点

重量限制	不超过 2 kg（阿富汗除外）		
尺寸限制	包裹外形	最大体积限制	最小体积限制
	方形包裹	长 + 宽 + 高 ≤ 90 cm 最长边长 ≤ 60 cm	至少有一面的长度 ≥ 14 cm 宽度 ≥ 9 cm
	圆柱形包裹	直径的两倍 + 长度 ≤ 104 cm 长度 ≤ 90 cm	直径的两倍 + 长度 ≥ 17 cm 长度 ≥ 10 cm
寄送时效	到亚洲邻国 5 ~ 10 天；到欧美主要国家 7 ~ 15 天；其他地区和国家 7 ~ 30 天；特殊情况下：30 ~ 60 天寄到（节假日、偏远地区、特殊天气等）		
优 点	价格实惠，邮寄方便，只要有邮局的地方都可以送到，有较强的清关能力		
缺 点	运输时间较长，不能运输带电货物，物流跟踪查询不便，部分国家不提供物流跟踪服务；丢包率相对较高，且丢包后赔偿响应缓慢		

②中国邮政航空大包。中国邮政航空大包又称中邮大包、中国邮政国际大包裹，适合邮寄重量较重（超过 2 kg）且体积较大的包裹，可寄达全球 200 多个国家。该物流方式的寄件特点见表 4.1.2。

表 4.1.2　中国邮政航空大包的寄件特点

重量限制	0.1 kg ≤ 重量 ≤ 30 kg（部分国家不超过 20 kg，每票快件不能超过 1 件）	
尺寸限制	最大体积限制	最小体积限制
	①单边 ≤ 1.5 m，长度 + 长度以外的最大横周 ≤ 3 m ②单边 ≤ 1.05 m，长度 + 长度以外的最大横周 ≤ 2 m	最小边长 ≥ 0.24 m 宽度 ≥ 0.16 m
寄送时效	亚洲邻近国家 4 ~ 10 天；欧美主要国家 7 ~ 20 天；其他地区和国家 7 ~ 30 天	
优　点	运费便宜，不计算体积重量，没有偏远附加费，没有燃油附加费；邮寄方便，全球多国可寄；可提供包裹的物流跟踪信息；有较强的清关能力	
缺　点	揽收商品有重量限制，不可超过 30 kg；妥投速度慢；包裹跟踪信息更新较慢	

③国际 e 邮宝。国际 e 邮宝业务是中国邮政为适应跨境轻小件物品寄递的需要，特别开办的标准类直发寄递业务，目前该业务主要为中国电商卖家寄件人提供发向美国、加拿大、英国、法国和澳大利亚等主要交易国的包裹寄递服务。该物流方式的寄件特点见表 4.1.3。

表 4.1.3　国际 e 邮宝的寄件特点

重量限制	不超过 2 kg（阿富汗除外）		
尺寸限制	包裹外形	最大体积限制	最小体积限制
	方形包裹	长 + 宽 + 高 ≤ 90 cm 最长边长 ≤ 60 cm	至少有一面的长度 ≥ 14 cm 宽度 ≥ 11 cm
	圆柱形包裹	直径的两倍 + 长度 ≤ 104 cm 长度 ≤ 90 cm	直径的两倍 + 长度 ≥ 17 cm 长度 ≥ 11 cm
寄送时效	通常 7 ~ 10 个工作日即可妥投		
优　点	寄送方便；价格较为便宜；清关能力强；寄送俄罗斯以及南美等国家具有较大的价格优势		
缺　点	相对商业快递来说速度较慢；不能一票多件；运送大件货物价格较高		

④EMS 国际特快专递。EMS 国际特快专递是由万国邮联管理下的国际邮件快递提供的特快专递服务，在中国境内则是由中国邮政提供物流服务。该业务在各国的邮政、海关、航空等部门均可享有优先处理权。以高速度、高质量为用户传递国际紧急信函、文件资料、金融票据、商品货样等各类文件资料和物品。

EMS 寄送时效有保障，东南亚南亚地区 3 天内可以妥投，澳大利亚 4 天可以妥投，欧美国家 5 天能妥投。其寄送时效介于邮政小包与商业快递之间。

EMS 适合小件寄送，可走敏感货物，清关能力强，但是不能一票多件，大货价格偏高。

🔍 查一查

　　除了中国邮政,各国邮政也大多开展国际邮政业务。其中,我国跨境电商企业较常使用的还有中国香港邮政小包、新加坡邮政小包、荷兰邮政小包、瑞士小包等。

　　请按照书中研究物流渠道的方式自主查阅资料,了解这些邮政小包的寄送特点,并在班上分享你的调查结果。

　　(2)国际商业快递渠道

　　国际商业快递渠道主要包括 UPS、TNT、FedEx、DHL 等,不同的商业快递公司在价格上、服务上、时效上都有所区别。

　　① UPS。UPS 即联合包裹服务公司,总部位于美国,是世界上最大的包裹寄送公司。大部分 UPS 的货代公司均可提供 UPS 旗下主打的 4 种快递服务,包括:

　　a.UPS Worldwide Express Plus　全球特快加急,资费最高。

　　b.UPS Worldwide Express　全球特快。

　　c.UPS Worldwide Saver　全球速快,也就是所谓的红单。

　　d.UPS Worldwide Expedited　全球快捷,也就是蓝单,速度最慢,资费最低。

　　UPS 前三种方式都用红色标记,最后一种用蓝色标记。其寄件特点见表 4.1.4。

表 4.1.4　UPS 的寄件特点

优势	劣势
在美洲和亚洲航线上速度快,尤其是美国全境 48 小时可达; 物流跟踪信息更新快; 在全国 200 多个国家与地区都有物流网络	目前在东欧的服务比不过 DHL; 运费比较高; 对托运货物有比较严格的限制
适合发货类型:商品体积较小、重量较轻、单价较高、利润较大的商品	

　　② DHL。DHL(敦豪航空货运公司),是一家由美国创立,现为德国与美国合资的速递货运公司,也是目前世界上最大的航空速递货运公司之一。目前,DHL 的全球网络已经连接了世界上 220 多个国家和地区。其寄件特点见表 4.1.5。

表 4.1.5　DHL 的寄件特点

优势	劣势
目前在西欧、北美有竞争优势,可送达的国家网点多; 速度快,一般 2 ~ 4 个工作日可送达; 服务好,遇到问题响应速度快; 在日本、东南亚、澳大利亚的清关能力强	对托运物品的限制比较严格,拒收许多特殊商品(例如侵权、带电、粉末、液体、易燃易爆等商品)
适合发货类型:适合发 5 kg 以下,或 21 ~ 100 kg 的高价值货物	

　　③ TNT。TNT 快递为企业和个人提供快递和邮政服务,总部位于荷兰的 TNT 集团。

它在欧洲、中东、非洲、亚太和美洲地区可提供高效的递送网络,提供世界范围内的包裹、文件以及货运项目的安全准时运送服务。

到达全球的有效时效是 3 ~ 7 天。其寄件特点见表 4.1.6。

表 4.1.6　TNT 的寄件特点

优势	劣势
时效快、稳定性强、通邮范围广,寄运中型重量的货物价格优势明显,可邮寄 21 ~ 1 000 kg 的大型重物; 快递文件和小样品比其他国际快递优惠; 在西欧清关能力较其他国际快递更高; 没有偏远派送费用	运费相对较高; 对货物的限制较多
适合发货类型:快递文件和小样品,货值高、对时效和通关速度有要求的可选 TNT	

④ FedEx。FedEx(联邦快递)是一家国际性速递集团,提供隔夜快递、地面快递、重型货物运送、文件复印及物流服务,总部设于美国田纳西州孟菲斯,隶属于美国联邦快递集团。其寄件特点见表 4.1.7。

表 4.1.7　FedEx 的寄件特点

优势	劣势
在亚洲、美洲航线上有优势,一般 2 ~ 5 个工作日可送达,清送能力较强; 适宜走 21 kg 以上的大件; 在中南美洲和欧洲航线有竞争优势	价格较贵,需要考虑商品的体积重; 对托运物品的限制比较严格; 会收取偏远附加费、单件超重费、地址更改派送费等
适合发货类型:适合寄送贵重物品和对时效要求高的用户	

★ 比一比 ★

查阅资料并填表。

快递公司	收件的尺寸限制	寄送时效	优势寄件区域
UPS			
DHL			
TNT			
FedEx			

(3)国际物流专线物流

国际物流专线一般是通过航空包舱方式将货物运输到国外,再通过合作公司在目的地派送,是比较受欢迎的一种物流方式。

行业内较受欢迎的物流专线包括美国专线、欧洲专线、澳大利亚专线、俄罗斯专线等。提供专线服务的代表企业如下所示。

① Special Line-YW。Special Line-YW 即航空专线 – 燕文，俗称燕文专线，是北京燕文物流公司旗下的一项国际物流业务。线上燕文专线目前已开通南美专线和俄罗斯专线。

燕文南美专线小包：通过调整航班资源直飞欧洲，由于目前欧洲到南美航班的货量较少，可快速从欧洲再中转到南美地区，避免旺季爆仓，缩短妥投时间。

燕文俄罗斯专线小包：与俄罗斯合作伙伴实现系统内部互联，可提供全程物流跟踪信息。正常情况下俄罗斯全境派送时间不超过 25 天，部分城市派送时间低于 17 天。

② Ruston。Ruston 俗称俄速通，是由黑龙江俄速通国际物流有限公司提供的中俄航空小包专线服务，是针对跨境电商客户物流需求的小包航空专线，渠道时效快速稳定，提供全程物流跟踪服务。

③ Aramex 快递。Aramex 快递，即中外运安迈世，在国内也称为"中东专线"，是发往中东地区的国际快递的重要渠道。它具有在中东地区清关速度快、时效高、覆盖面广、经济实惠的特点。但是 Aramex 快递主要优势地区在中东，在别的国家和地区则不存在这些优势，所以它的区域性很强，对货物的限制也较严格。

（4）海外仓

海外仓是指企业建立在海外的仓储设施。

在跨境电商销售中，国内卖家可先将商品通过国际运输的方式运往目标市场国家，并在当地通过租赁或自建形式建立仓库，用以储存商品，然后再根据当地的销售订单，在境外仓库直接进行分拣、包装和配送，减少了重复而复杂的清关步骤，加快了寄送速度。其特点见表 4.1.8。

表 4.1.8　海外仓的特点

优势	劣势
将零散的国际小包转化成大宗运输，降低物流成本； 确保商品更快速、安全、准确到达目的地，减少退换货的成本，提升客户满意度；获得平台支持，提高产品曝光率	需要支付海外仓储费，物流成本不可控； 海外仓储对卖家有一定的库存量要求，仓储成本高，容易造成资金周转不便； 设立海外仓还要面对本土化挑战
适合发货类型：快销商品；尺寸、重量大，或不方便走邮政快递、商业快递的特殊产品；单价和毛利润高的产品；货物周转率高的产品	

?? 想一想

A. 客单价低于 5 美元的快销商品：手机壳

B. 提供私人定制设计的首饰：可享受刻字服务的高定手链

C. 小家具类产品：网红客厅小茶几

D. 易碎品、易坏品：玻璃工艺品

请和小组成员共同讨论，以上产品哪几款更适合海外仓运输

活动实施

步骤1：随着店铺的运营逐步走上正轨，陈龙的店铺也迎来了越来越多的订单。店铺上架的产品种类也越来越丰富。请分析店铺内的以下三份订单（表4.1.9），并和小组成员共同讨论它们分别适合选用哪种物流发货。

表4.1.9　订单信息

商品图片			
商品信息	品名：羽绒服 毛重：2 kg 包装尺寸： 35 cm×20 cm×15 cm 速卖通销售价：220 美元 国内出厂价：880 元	品名：女装上衣 毛重：0.3 kg 包装尺寸： 5 cm×10 cm×15 cm 速卖通销售价：15 美元 国内出厂价：28 元	品名：发光鞋 毛重：1 kg 包装尺寸： 10 cm×10 cm×15 cm 速卖通销售价：65 美元 国内出厂价：180 元 备注：带电池
订单信息	数量：1件 目的国：巴西	数量：1件 目的国：俄罗斯	数量：1件 目的国：德国

步骤2：根据书中介绍的各种物流方式的特点，结合表4.1.9，分析以上三个产品可以选择的物流方式有哪些，完成表4.1.10。

表4.1.10　物流方式选择

商品	请在可选的物流渠道前打√
羽绒服	□邮政小包　□邮政大包　□e邮宝　□EMS　□DHL　□TNT　□UPS　□FedEx
女装上衣	□邮政小包　□邮政大包　□e邮宝　□EMS　□DHL　□TNT　□UPS　□FedEx
发光鞋	□邮政小包　□邮政大包　□e邮宝　□EMS　□DHL　□TNT　□UPS　□FedEx

步骤3：在考虑物流时效、运送安全、成本合理的情况下，请作出你们小组的最终选择，为每一款商品选择一个物流渠道完成发货，并简单说明理由，完成表4.1.11。

表4.1.11　小组最终选择及选择理由

商品	最终选择	选择理由
羽绒服		
女装上衣		
发光鞋		

※ 活动评价 ※

任务实施完成后,由团队负责人(组长)牵头开展自评及他评,完成任务评价表。

任务评价表

	成员	任务分工	组内表现 (五星互评)	自己的分工及表现 (自评)	组长评价 (他评)
任务 分工	成员 1		☆ ☆ ☆ ☆ ☆		
	成员 2		☆ ☆ ☆ ☆ ☆		
	成员 3		☆ ☆ ☆ ☆ ☆		
	成员 4		☆ ☆ ☆ ☆ ☆		
任务 总结					

活动 2　计算跨境物流成本

活动背景

在跨境电商的成本中,物流成本占比 20% 以上,对物流成本的控制在很大程度上决定了店铺的盈利水平。

目前市场中各物流公司都有自己的计费标准和方式。陈龙在计算跨境电商物流成本时,先要详细了解不同跨境电商物流的计费标准,并充分掌握常见跨境物流运费的计算方法,进而选择最优、最经济的跨境物流公司。

回 知识准备

1. 跨境电商物流的计费标准

与国内快递不同,国际快递计算费用要按照国际标准来执行,需注意以下几个方面:

(1)计费重量单位

中国邮政小包(平常小包、e 邮宝等)以 1 g(0.001 kg)为一个计费重量单位。

商业快递(含 EMS)一般以 500 g(0.5 kg)为一个计费重量单位。大货 21 kg 以上以 1 kg 为一个计费重量单位。

(2)首重与续重

首重是指最低的计费重量,商品重量在这个范围内,就按首重的计费标准计算价格。超过首重部分的重量则为续重,增加部分按续重的计费标准计算价格。通常首重的费用相对续重费用较高。

中国邮政国际小包的计费方式是采用首重加续重的方法,计费单位为 1 g。

商业快递一般以第一个 500 g 为首重,每增加 500 g 为一个续重,不足 500 g 的按照 500 g

计算。21 kg 以上无首重，按每 kg 计算（EMS 除外，都按 500 g 计算）。

大多数的物流公司是以 0.5 kg 为首重，之后的每 0.5 kg（不足 0.5 kg 以 0.5 kg 计算）作为续重，当然对一些大货（通常是 21 kg 以上），计费价格通常是以 1 kg 为单位的。

算一算

> 例如：一件 9.7 kg 的商品通过某国际快递寄送到国外，该国际快递规定首重是 0.5 kg，每增加 1 kg 为一个续重。
>
> 请问，最后计算重量时，有（　　　）个单位的首重，（　　　）个单位的续重。

（3）实重与体积重

实重，就是指货物称重所得到的实际重量，跨境物流中通常说实重指的是实际毛重，是指需要运输的一批物品包括包装在内的实际总重量。

体积重，即通过货物体积计算得来的重量。因为跨境运输过程中，运输工具的位置是有限的（尤其是飞机），如果货物体积太大（像棉花、编织工艺品等），所占的位置就多。当需寄递物品体积较大而实重较轻时，因运输工具承载能力及能装载物品体积所限，需采取量取物品体积折算成重量的办法作为计算运费的重量，称为体积重量。

体积重量大于实际重量的物品又常称为轻抛物。

（4）计费重量

按实重与体积两者的定义与国际航空货运协会规定，货物运输过程中计收运费的重量是按整批货物的实际重量和体积重量两者之中较高的计算。

知识窗

关于泡重的 Tips

何为泡重？就是物品的体积重，快递公司都会按照一个标准计算，得出一个数值与实际重量对比。实际重量大，就以实际重量为标准计算物品的运费，实际重量小，就以泡重为准计算运费。这样做的目的主要是确保物品的运费计算更合理。

计泡是指对包装后的邮件，取体积重量和实际重量中的较大者，作为计费重量，再按照资费标准计算应收邮费。以 EMS 为例，体积重量的计算方法为：

对交寄的物品长、宽、高三边中任一单边达到 40 cm 的特快物品进行计泡，计泡系数为 6 000，计泡公式：

体积重量（kg）= 长（cm）× 宽（cm）× 高（cm）/6 000

四大快递（DHL、TNT、FedEx、UPS）的计泡系数是 5 000，体积重计算公式是：

体积重量（kg）= 长（cm）× 宽（cm）× 高（cm）/5 000

测量包裹的长、宽、高测量值精确到厘米，厘米以下去零取整。

（5）包装费

一般情况下，普通物品如衣物，没有特殊要求的包装，快递公司是免费包装，提供纸箱、气泡等包装材料；但一些贵重、易碎物品，如玻璃器具，快递公司需收取一定的包装费用（包装费用一般不计入折扣）。

EMS 包装
种类表

2. 跨境电商物流的计费方式

（1）中国邮政小包的运费核算

运费 = 小包重量 × 计重费率 + 挂号费

在国际包裹的运费核算中，对计重重量的核算一般有两种方法：

第一种是以 g 为单位进行计重，如中国邮政挂号小包发往同一个地区的两个包裹只要重量不一样，计重运费就不一样。

第二种是阶梯性的区间计重，如 EMS 以 500 g 为一个计重区间，那么一个 100 g 的包裹与一个 200 g 的包裹的计重运费是相同的。

国际包裹在收费时，不同的国家 / 地区的资费标准是不同的。一般是把世界上的运送国家 / 地区分为几个区块，每个区块一个资费标准，以人民币为计算单位。

表 4.1.12 中，新加坡、印度、韩国、泰国、马来西亚、印度尼西亚为同一个区域（2区），资费标准都是 71.5 元 /kg，挂号费 8 元 / 件。

表 4.1.12　中国邮政航空小包新资费表（截取部分数据）

区域	国家	资费标准（元 /kg）	挂号费（元 / 件）
1	日本	62	8
2	新加坡、印度、韩国、泰国、马来西亚、印度尼西亚	71.5	8
3	奥地利、克罗地亚、保加利亚、斯洛伐克、匈牙利、瑞典、挪威、德国、荷兰、捷克、希腊、芬兰、比利时、爱尔兰、意大利、瑞士、波兰、葡萄牙、丹麦、澳大利亚、以色列	81	8
4	新西兰、土耳其	85	8
5	美国、加拿大、英国、西班牙、法国、乌克兰、卢森堡、爱沙尼亚、罗马尼亚、白俄罗斯、斯洛文尼亚、马耳他、拉脱维亚、波黑、越南、菲律宾、巴基斯坦、哈萨克斯坦、朝鲜、蒙古国、塔吉克斯坦、土库曼斯坦、乌兹别克斯坦、吉尔吉斯斯坦、斯里兰卡、巴勒斯坦、叙利亚、阿塞拜疆、亚美尼亚、阿曼、沙特、卡塔尔	90.5	8
6	俄罗斯	96.3	8
7	南非	105	8
8	阿根廷、巴西、墨西哥	110	8
9	老挝、孟加拉国、柬埔寨、缅甸、尼泊尔、文莱、不丹、马尔代夫、东帝汶、阿联酋、约旦、巴林、阿富汗、伊朗、科威特、也门、伊拉克、黎巴嫩、秘鲁、智利	120	8

续表

区域	国家	资费标准（元/kg）	挂号费（元/件）
10	塞尔维亚、阿尔巴尼亚、冰岛、安道尔、法罗群岛、直布罗陀、列支敦士登、摩纳哥、黑山、马其顿、圣马力诺、梵蒂冈、摩尔多瓦、格鲁吉亚	147.5	8
11	斐济、美属萨摩亚、科科斯（基林）群岛、库克群岛、卡奔达、圣诞岛、新喀里多尼亚、巴布亚新几内亚、埃及、苏丹、摩洛哥、吉布提、埃塞俄比亚、肯尼亚、突尼斯、布隆迪、乌干达、卢旺达、乍得、尼日利亚、阿尔及利亚、加蓬、几内亚、马达加斯加、毛里塔尼亚、津巴布韦、安哥拉、中非、佛得角、西撒哈拉、厄立特里亚、冈比亚、赤道几内亚、几内亚比绍、科摩罗、利比里亚、莱索托、马拉维、莫桑比克、纳米比亚、尼日尔、留尼汪、塞舌尔、圣赫勒拿、圣多美和普林西比、斯威士兰、马约特、伊夫尼、赞比亚、利比亚、毛里求斯、马里、索马里、加纳、博茨瓦纳、刚果（金）、刚果（布）、坦桑尼亚、多哥、科特迪瓦、塞拉利昂、塞内加尔、委内瑞拉、古巴、厄瓜多尔、巴拿马、苏里南、哥伦比亚、安圭拉、阿鲁巴、巴巴多斯、百慕大、玻利维亚、巴哈马、伯利兹、海地、牙买加、开曼群岛、圣卢西亚、英属维尔京群岛、美属维尔京群岛、复活岛、扎伊尔、格陵兰岛	176	8

例如：一个 100 g 的普通包裹运往哈萨克斯坦，拟采用中国邮政小包寄送。由表 4.1.12 查询得知，哈萨克斯坦属于第 5 区，资费标准为 90.5 元/kg，挂号费为 8.00 元，则：

运费 =0.1 kg×90.5 元/kg+8.00 元 =17.05 元

（2）国际商业快递的运费核算

国际四大快递公司 DHL、TNT、UPS、FedEx 在费用计算上有很多相同的地方，都是按起重 500 g（0.5 kg），续重 500 g（0.5 kg）计，大于 0.5 kg 的按 1 kg 计，以此类推。但是不同的快递公司价格不同，下面以 DHL 为例进行说明。

DHL 国际快递渠道主要有三类，分别为特惠类、标准类、优先级类。

特惠类，顾名思义，收货价格比较实惠，是所有 DHL 国际快递渠道中价格最便宜的一类，时效相对而言较慢。

标准类，提供标准 DHL 快递服务，时效、价格居中。

优先级类，效率至上，货物可优先出货、优先运输，享受高效、不排仓的物流服务。

① 货重货：实际重量 > 体积重量。

a. 21 kg 以下的商品，按运费表计价收费，总费用 = 首重费用 + 续重费用。

b. 21 kg 以上一般直接按照 1 kg 计费，多出 1 kg 不超过第二个 1 kg 计费重量要多加 1 kg。例如 34.1 kg 要按 35 kg 计费，34.9 kg 也是按 35 kg 计费。

② 材积货：实际重量 < 体积重量。当需寄递物品实际重量小而体积较大，运费需按材积标准收取，然后再按上列公式计算运费总额。求取材积公式如下：

规则物品：长（cm）× 宽（cm）× 高（cm）/5 000= 重量（kg）

不规则物品：最长（cm）× 最宽（cm）× 最高（cm）/5 000= 重量（kg）

做一做

一件货物的总实际重量是 60 kg, 体积是: 60 cm×80 cm×70 cm, 那么这件货物的计费重量是多少?

计算方式是: 长 (cm)×宽 (cm)×高 (cm)/5 000= 重量 (kg):

60 cm× 80 cm × 70 cm/5 000 = 67.2 kg

因为计费重量取体积重量和实际重量中的较大者, 67.2 kg>60 kg, 所以计费重量是 67.2 kg, 取整则为 68 kg。

③燃油附加费。燃油附加费是航运公司和班轮公会收取的反映燃料价格变化的附加费。收取标准基于美国能源部 (EIA) 所公布的美国墨西哥湾沿岸 (USGC) 航空燃料指标中每加仑航空燃油的价格。快递净运输费用及部分可选服务附加费用均需征收燃油附加费。每个月的燃油附加费会有波动, 实际收费标准以快递公司公布为准。例如本月的燃油附加费为 15%, 则需要在运费的结果加上燃油附加费, 燃油附加费一般会和运费一起打折。

综上得出: 21 kg 以下货物的计算方式 (货重货):

运费 =(快递首重运费 +(重量 (kg)×2-1)× 续重运费)×(1+ 当月燃油费率)

例如: 15 kg 货物按快递首重 150 元、续重 28 元, 当月燃油费率是 15% 计算, 则运费总金额为:

$[(150 + (15×2-1) ×28)]$元 $×(1+15\%)=1\ 106.3$ 元

活动实施

陈龙运营的速卖通店铺接到两个订单, 商品信息及订单信息如表 4.1.13 所示, 以小组为单位, 根据给定的订单信息, 研究两个订单可以选择的物流渠道有哪些; 并多方比价, 分别计算采用不同物流方式时需要支付的运费分别是多少。

表 4.1.13　商品信息及订单信息

| 商品图片 |  |  |

续表

商品信息	品名：高清航拍无人机套装 配件：无人机＋遥控器＋充电电池＋充电线＋ 说明书＋收纳包 毛重：1.2 kg 包装尺寸：26 cm×18 cm×20 cm 速卖通销售价：110 美元 国内出厂价：305 元	品名：女装上衣 毛重：0.3 kg 包装尺寸：5 cm×10 cm×15 cm 速卖通销售价：15 美元 国内出厂价：28 元
订单信息	数量：1 件 目的国：哈萨克斯坦	数量：1 件 目的国：德国

步骤 1：查看卖家要求。女装上衣订单客人无特殊要求。无人机订单的买家留言信息如下：
Hope to receive the goods within 5 days.

步骤 2：分析商品因素（表 4.1.14）。

表 4.1.14　商品因素

因素	商品	
	无人机	女装上衣
体积		
实际重量		
体积重量		
计费重量		
成本上限		
运输要求	○重货　○轻抛货　○带电产品　○保质期短　○其他 无人机：＿＿＿＿＿＿＿＿＿＿＿＿＿＿＿＿＿＿＿＿＿＿＿＿＿ 女装上衣：＿＿＿＿＿＿＿＿＿＿＿＿＿＿＿＿＿＿＿＿＿＿＿	

步骤 3：先判断下表中的物流公司是否会接受无人机、女装上衣两种商品的寄件申请。如果接受寄送服务，再登录该物流公司官网查询最新快递运价表，分别计算物流运费完成表 4.1.15。

表 4.1.15　物流费计算

快递公司	可否运输	运费			计算过程	最终运费
		首重	续重	燃油费		
邮政小包						
邮政大包						
UPS						

续表

快递公司	可否运输	运费			计算过程	最终运费
		首重	续重	燃油费		
TNT						
FedEx						
DHL						

快递公司	可否运输	运费			计算过程	最终运费
		首重	续重	燃油费		
邮政小包						
邮政大包						
UPS						
TNT						
FedEx						
DHL						

※ 活动评价 ※

　　任务实施完成后，由团队负责人（组长）牵头开展自评及他评，完成任务评价表。

任务评价表

	成员	任务分工	组内表现（五星互评）	自己的分工及表现（自评）	组长评价（他评）
任务分工	成员1		☆☆☆☆☆		
	成员2		☆☆☆☆☆		
	成员3		☆☆☆☆☆		
	成员4		☆☆☆☆☆		
任务总结					

任务2 >>>>>>>>
物流方式

任务情境

在前期准备中,陈龙已经对跨境物流渠道和运费计算有了一定的了解,从中了解到国际快递有多种渠道,每种渠道有着自己的优势航线和服务特点。

但是,最终要选择哪一家物流公司寄送包裹呢? 陈龙要根据自身的需要,筛选出适合自家商品、运输要求的物流公司,并且能够根据自己的最终选择来设置和优化店铺的物流模板。

任务分解

为企业设置合适的物流模板,需要依次完成以下两个工作任务:
①影响选择物流方式的因素;
②设置物流模板。

活动1 影响选择物流方式的因素

活动背景

物流是关系到跨境电商交易是否成功的一个重要因素,选择好正确的物流模式不仅可以节约商品运输过程中消耗的成本,还可以缩短商品送达时间,提高买家的购物体验。

在之前的调研中,陈龙已经了解到市场中物流模式多种多样,每个物流模式具有各自的优缺点。陈龙需要进一步分析哪些因素会影响店铺对物流模式的选择,从而帮助店铺作出最优的选择。

回 知识准备

跨境物流是跨境电商的核心环节和必要环节,物流环节的任何异常问题都有可能导致整个商品交易受阻。因此,拥有一家适合、可靠、经济的物流公司为自己店铺提供物流服务,能极大地提高商品的竞争力。

通常,卖家在选择采用什么物流方式寄送包裹时,需要综合考虑以下因素。

1.商品因素

(1)商品金额

商品金额是影响物流选择的一个重要因素,不同的商品金额影响商品物流模式的选择。以速卖通为例,根据《速卖通物流政策》,速卖通平台根据订单的额度划分速卖通物流方式,一共分为三段:小于等于2美元,大于2美元小于等于5美元,大于5美元。根据这三个价格区间可以选择不同服务等级的物流形式。并且对于金额较高的商品来说,应考虑到商品的安全性,通常会选择安全性较高的物流模式,如标准类、优先类物流。

查一查

　　请根据平台速卖通物流政策(扫描二维码下载"速卖通物流政策"文档),查出以下支付金额的商品达到美国可以采用哪些物流线路:

1. ≤ 2 美元:＿＿＿＿＿＿＿＿＿＿＿＿＿＿＿＿＿＿＿＿＿

2. >2 美元且≤ 5 美元:＿＿＿＿＿＿＿＿＿＿＿＿＿＿＿＿＿

3. >2 美元:＿＿＿＿＿＿＿＿＿＿＿＿＿＿＿＿＿＿＿＿＿

速卖通物流政策

　　(2)重量或体积

　　物流运费的计算与商品的重量、体积都有关。不同的物流运输方式对体重或体积都有一定的要求,大多数线上跨境物流小包限制 2 kg 以下,长度限制在 60 cm 以下,重量收费按实际重量与体积重量相比,取较重者计算收取。在商品运输的过程中可能会出现偏差,所以在商品运输过程中,尽量保持小于临界值,以防出现超重的情况。

　　(3)商品属性

　　商品的种类有很多,比如有带电商品、液体商品、膏状商品等。国际快递将货物分为普货类、违禁品类、敏感货类。

　　普货是指普通货物。这一类货物对运输、装卸、保管都没有特殊要求,用普通集装箱就可以装运,没有任何危险,也不用商检。通常所有快递都是可以运输的。

　　违禁品是严令禁止集运的,一般是指有杀伤力的武器、弹药、仿真武器、易燃易爆等危险品。毒品、毒药对人体有危害的货物也都属于违禁品。一些会影响当地生态环境的生物、腐蚀品,还有珍贵文件文物、仿币等,也都属于违禁品。总之,这些货物都会给运输或保存带来危险,是完全禁止运输、入境的。

　　敏感品是介于普货与违禁品之间的货物。例如电池、食品、液体、带磁性物体、国际名牌商品等。一般来说,敏感品也都是禁运的。但具体还要看不同国家的规定,有的敏感品是可以寄送的,只要不超过规定量就可以。

　　速卖通平台提供"禁限运查询",登录"禁限运查询"网址,输入所售卖的商品名称,即可查询该商品的运送要求,如图 4.2.1 所示,在禁限运查询页面,输入"手机",即可查看到带电智能手机需走特货渠道或带电渠道。

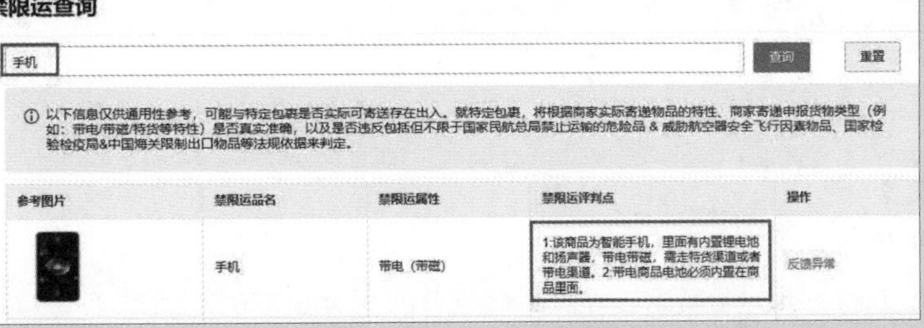

图 4.2.1　禁限运查询页面

2. 物流平台因素

（1）物流价格

跨境物流价格是跨境电商卖家最关注的问题之一。因为运费的高低直接影响商品的成本、定价，进而最终影响商品的利润。但是物流报价并非越低越好，报价较低物流服务和时效可能效果不好，因此对物流价格来说，合理与稳定最重要。

（2）物流的时效

跨境物流的时效是由运输方式决定的，不同跨境物流平台的时效相差较大，选择的运输渠道不同，时效也不同。物流时效越短，买家越快收到商品。但是物流时效并非越快越好，因为时效快的物流，通常资费也非常高。企业根据实际情况选择符合买卖双方对时效、价格预期的快递方式，无须一味求快或求廉。

（3）物流派送

货物派送安全关系到商品是否可以顺利完成签收，安全派送让跨境电商卖家避免很多不必要的售后麻烦。一是销售的商品较贵重，一旦物品发生问题，例如运输中转丢件，导致收件人无法收到货物，卖家需要承受较大的损失。二是不同的物流方式，到达的地区不同，比如菜鸟专线经济目前只派送到西班牙，威海优选仓韩国经济专线目前只派送到韩国。

（4）物流服务

物流服务也是卖家选择物流需要考虑的一个重要因素，目前常见的物流服务有不计体积重、旺季不排仓、一票多件、双清包税、DDP 预付关税等，对有这些物流服务需求的卖家，一定要有针对性地选择跨境物流。

速卖通提供"物流方案查询"，输入商品的目的地和商品的属性（包括商品类型、重量、大小、价格等），可以查看推荐的物流方案。如图 4.2.2 所示物流方案查询页面，输入目的地、价格、重量和体积后，企业可以结合未收到货纠纷率、价格、时效等选择合适的物流。

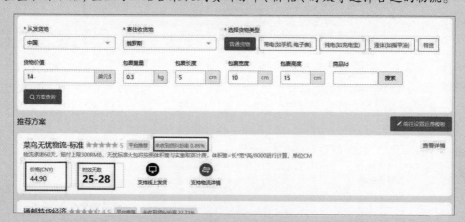

图 4.2.2 物流方案查询页面

3. 企业因素

（1）企业位置

企业位置主要关系到货物是否可以上门揽收，如图 4.2.3 所示，打开"菜鸟无忧物流－优先"物流线路列表可以查看到北京、深圳、广州、佛山等可以提供上门揽收服务，甚至部分地区可以提供免费揽收, 而其他地区需自行寄送至揽收仓库。因此, 企业位置好坏也会影响商品的运费成本和运输时间。

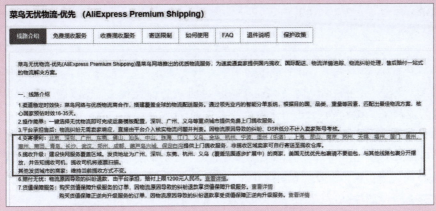

图 4.2.3　"菜鸟无忧物流－优先"物流线路列表

（2）企业营销策略

跨境物流中常面临爆仓、排仓等问题, 一旦处理不好, 前期的付出可能都付之东流, 店铺也可能面临灭顶之灾。因此, 企业会根据店铺运营情况结合物流运输情况提前制订相应的营销策略, 比如有些商品有淡旺季, 每到物流旺季, 都会有很多货物因为仓位不足、排仓, 导致物流时效延误。因此, 部分企业采用海外仓模式, 但淡季时也可能面临海外仓滞销情况, 企业需要根据物流情况制订相应的营销策略, 选择合适的物流模式, 从而减少物流方面的损失。

4. 客户需求

不同国家的买家有不同的兴趣爱好, 相同商品售往不同国家的购买率不同, 企业可以根据自己的商品, 查看该商品在哪些地区受欢迎, 对更受欢迎地区选择合适的物流。如图 4.2.4 所示, 速卖通生意参谋中, 具有"国家分析"功能, 选择"单品研究"功能, 输入对应的商品, 如搜索女装中的"沙滩裙/沙滩上衣/披纱", 可以查看到受欢迎的国家有 RU (俄罗斯)、US (美国)、IL (以色列) 等, 根据这些受欢迎的地区选择相应的物流。

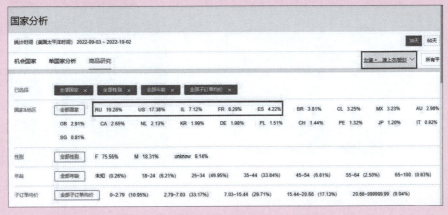

图 4.2.4　国家分析页面

对同一种商品，不同收入、时间成本的买家对物流要求不一样。如较高收入和时间敏感性高的买家，对物流价格不敏感，更倾向于选择时间短的物流模式。设置物流模板时，可以设置多种物流模式，客户根据自己的意愿选择合适的物流。

5.各国经济和环境制度

由于各国海关的差异，很多卖家担心会出现自己寄出去的货会被海关扣押或退件等问题，因此在选择物流时，企业要考虑各国法律和经济制度。不同国家的经济制度、法律政策的差异会直接影响跨境物流的选择。比如海外仓在北美、西欧、澳大利亚比较成熟，而对俄罗斯、巴西等新兴市场而言不是很合适，因为巴西等国家税收政策十分严格。

同时，国际环境瞬息万变，外部环境防不胜防。例如某国，在发货前该国没有出现任何动荡不安的局面，也没有颁布新的政策法规，但等货物要到达该国时，该国局势突然动荡、工人罢工、游行，政府进入紧急状态，对入境货物进行严格核查；又如受自然灾害等不可抗力的因素，物流运输延长甚至中断；再如在战乱地区、高风险地区，货物被劫、丢失等问题的出现。以上情况都会对商品运输造成较大的影响，跨境电商卖家需时刻留意目的国的情况，以便做好应对措施。

活动实施

陈龙运营的两家速卖通店铺接到两个订单，商品信息及订单信息如表 4.2.1 所示。以小组为单位，根据前续课程中介绍的各种国际物流方式的特点和计算方式，分别为这两个订单选择适合的物流方案。

表 4.2.1　商品信息及订单信息

续表

商品信息	品名：高清航拍无人机套装 配件：无人机 + 遥控器 + 充电电池 + 充电线 + 说明书 + 收纳包 重装：1.2 kg 包装尺寸：26 cm × 18 cm × 20 cm 速卖通销售价：110 美元 国内出厂价：305 元	品名：女装上衣 重装：0.3 kg 包装尺寸：5 cm × 10 cm × 15 cm 速卖通销售价：15 美元 国内出厂价：28 元
订单信息	数量：1 件 目的国：美国 客人备注：Hope to receive the goods within 5 days.	数量：1 件 目的国：德国 客人备注：无

步骤 1：学生 3 ~ 4 人一组，选定本组组长，每位组员认领一个具体任务，其他成员参与讨论一起完成任务后依次完成下一个，并完成表 4.2.2。

表 4.2.2　物流方案选择

工作任务	选择适合的物流方案					
任务分工	具体任务	成员 1 （　）	成员 2 （　）	成员 3 （　）	成员 4 （　）	自己的分工及表现
	分析商品因素					
	分析各国经济 和环境制度					
	分析物流平台					
	分析客户需求					
	●负责　　　▲参与　　　○监督					
组长（签名）						

步骤 2：分析商品因素，完成表 4.2.3。

表 4.2.3　商品因素分析

商品	无人机	女装上衣
实重		
体积重		
计费重量		
商品属性		
订单支付金额区间	○ ≤ 5 美元　○ >5 美元	○ ≤ 5 美元　○ >5 美元

步骤 3：分析各国经济和环境制度。扫描二维码下载"速卖通物流政策"文档，查询无人机、女装上衣到达美国和德国的速卖通物流政策，完成表 4.2.4。

表 4.2.4　物流政策查询

运往下列国家	选择物流模式			
	经济类	简易类	标准类	快速类
美国（无人机）				
德国（女装上衣）				

步骤 4：分析物流平台，根据步骤 3 计算出的可用物流线路，扫描二维码下载 "无忧物流和线上发货运费报价" 表，分析这些物流线路是否能到达美国和德国，是否支持运输无人机和女装上衣，并根据相关结果，完成表 4.2.5。

无忧物流和线上
发货运费报价

表 4.2.5　物流线路分析

物流线路	是否支持上门揽收	是否到达美国	是否到达德国	是否支持运输无人机（如果是填写运费和时效）	是否支持运输女装上衣（如果是填写运费和时效）
菜鸟无忧物流 – 标准					
菜鸟大包专线					
中邮 e 邮宝					
菜鸟无忧物流 – 优先					
菜鸟特货专线 – 标快					

步骤 5：分析客户需求。根据步骤 4 分析出的结果，结合客户需求，给客户选择一个合理的物流路线，完成表 4.2.6。

表 4.2.6　物流线路选择

商品	选择的路线	选择原因
无人机		
女装上衣		

※ 活动评价 ※

任务实施完成后，由团队负责人（组长）牵头开展自评及他评，完成任务评价表。

任务评价表

	成员	任务分工	组内表现（五星互评）	自己的分工及表现（自评）	组长评价（他评）
任务分工	成员 1		☆☆☆☆☆		
	成员 2		☆☆☆☆☆		
	成员 3		☆☆☆☆☆		
	成员 4		☆☆☆☆☆		
任务总结					

活动 2　设置物流模板

活动背景

　　陈龙对跨境电商物流有一定的了解，也学会了如何选择跨境物流。在熟悉店铺的过程中，陈龙发现企业对类似商品统一设置了运费模板，方便商品发布，陈龙也想学习跨境物流模板该如何设置。张经理建议陈龙先了解运费模板的作用，再熟悉物流模板的设置过程，最后根据企业要求设置对应的物流模板。

回 知识准备

　　1. 运费模板的作用

　　设置运费模板主要有两个作用：

　　①方便卖家管理物流，运费模板设置好了以后在发布商品时是通用的。

　　②提供物流信息，提高买家购物体验。

　　卖家在发布商品之前应先设置好运费模板，如果未进行自定义模板，则只能选择新手运费模板才能进行发布。新手模板是默认的运费模板，当卖家开始销售商品并建立起适合自己的物流方案时，新手模板就不能满足卖家的需要了。

　　2. 物流模板设置流程

　　物流模板设置流程如图 4.2.5 所示。

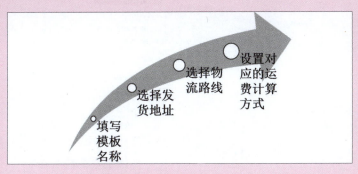

图 4.2.5　物流模板设置流程

　　3. 设置物流模板详细步骤

　　步骤 1：打开速卖通运费模板界面，进入卖家中心，单击"物流"，单击"运费模板"，打开运费模板界面如图 4.2.6 所示。

图 4.2.6　打开运费模板界面

步骤2: 打开新建运费模板页面。单击图 4.2.6 中"新建运费模板",打开新建运费模板页面,如图 4.2.7 所示,输入模板名称和发货地。

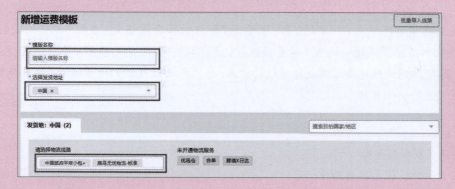

图 4.2.7 打开新建运费模板页面

步骤3: 选择物流线路。单击图 4.2.7"请选择物流线路"文本框,打开物流线路选择页面,如图 4.2.8 所示,可以通过目的国筛选线路,也可以根据企业营销策略选择相应的物流路线。

如果不熟悉相应的物流线路,可以点击相应的物流分类,查看相应的跨境物流,如图 4.2.9 所示,单击"经济类",打开对应物流路线介绍,可以查看对应跨境物流"可到达目的地"的个数及相应的"支持物流服务"。

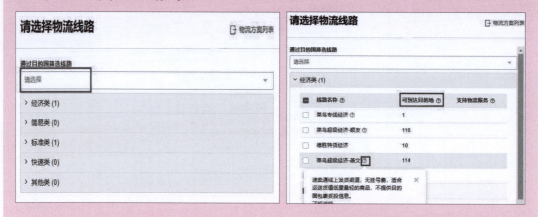

图 4.2.8　选择物流线路页面　　　图 4.2.9　经济类对应物流路线介绍页面

步骤4: 对应的物流线路,设置对应物流运费计算方式,如图 4.2.10 所示有 3 种计算方式标准运费、卖家承担和自定义运费。

①标准运费。即平台会自动按照各物流服务提供商给出的官方报价计算运费。所有该线路可到达的地区按固定报价计算运费,仅按照商品编辑页的物流重量计算运费,与实际发货计算逻辑有差异。如图 4.2.10 所示,选择标准运费,输入减免百分比即可。例如:

物流公司标准运费为 US\$100,输入的减免百分数是 30%,则买家实际需要支付的运费是:

US\$100×（100% − 30%）= US\$70。

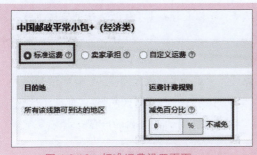

图 4.2.10　标准运费设置页面　　　　　　　图 4.2.11　卖家承担设置页面

做一做

　　无人机的标准运费为 US$25，企业输入的减免百分数是 80%，则买家实际需要支付的运费是多少：＿＿＿＿＿＿＿

　　②卖家承担。即卖家包邮，如选择所有该线路可到达的地区卖家承担，则该线路可达国家全部包邮，包含后续该线路新增可达国家，如图 4.2.11 所示。

　　③自定义运费。按不同区域根据自己的需求自由设置运费。如图 4.2.12 所示，可将某些国家选为一个组合，点击"共 0 个国家／地区"旁边的编辑按钮，打开如图 4.2.13 所示的目的地组合页面，可以按大洲或物流商分区的方式手动选择地区或批量选择地区。

图 4.2.12　自定义运费设置页面

图 4.2.13　目的地组合编辑页面

自定义运费计算方式有4种计算方式：标准运费、卖家承担运费、自定义运费和不发货。如果要添加目的地组合，可以单击图4.2.12中的"+新增目的地组合"按钮，设置4种运费计算方式。

以如图4.2.14所示的运费模板设计为例。运费计算方式为"标准运费"，是指对该组合内的地区设置按减免方式计算运费；"卖家承担"指卖家对该组合内的地区包邮；"自定义运费"选定了该组合内的地区按重量计算运费；"不发货"指对非选定的组合内的地区选择不发货。

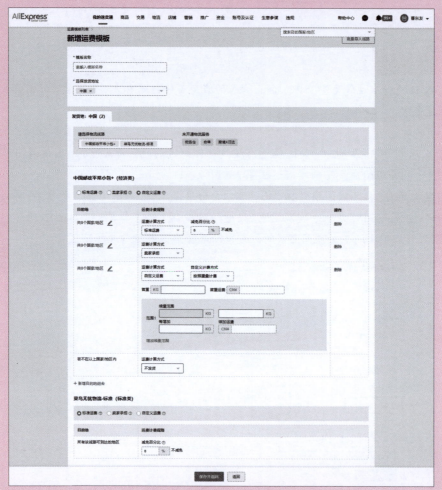

图4.2.14　自定义运费4种运费计算方式

自定义模式常采用包邮价格设置方式，即以主要发货的物流方式加国家定一个基准。低于这个基准的采用卖家承担方式，运费模板中用该物流方式在该国的价格减去基准价格就等于物流模板中需要补的差价，即采用标准运费方式，对于部分国家可以设置不发货。基准一般以"无忧物流－标准"为基准。

④最后单击"保存并返回"按钮，完成运费模板的设置。

活动实施

企业根据店铺和跨境物流情况打算选择"菜鸟超级经济 Global"和"菜鸟无忧物流－标准"两条路线，设置要求如下：

①运费模板名称为"Free shipping"。

②发货地为中国。

③"菜鸟超级经济 Global"设置法国、荷兰、英国、加拿大、美国地区包邮，其他地区不发货。

④"菜鸟无忧物流－标准"设置要求如下：

a. 韩国、新加坡、泰国、马来西亚、英国、波兰地区包邮；

b. 印度尼西亚、德国、柬埔寨、越南、法国、意大利、日本、俄罗斯运费标准减免 80%；

c. 澳大利亚、荷兰、爱沙尼亚、美国、新西兰减免 60%；

d. 其他地区不发货。

步骤 1：请根据以上要求完成运费模板的设置（表 4.2.7）。

表 4.2.7　运费模板设置

运费模板名称				
发货地				
物流 1	物流名称			
	运费设置	选择运费方式：○标准运费　○卖家承担　○自定义运费		
	运费设置	卖家承担地区：		
		若不在以上国家／地区内：		
物流 2	物流名称			
	运费设置	选择运费方式：○标准运费　○卖家承担　○自定义运费		
		卖家承担地区		
		标准运费地区		减免百分比
		标准运费地区		减免百分比
		若不在以上国家／地区内		

步骤2：根据表4.2.7判断以下国家的买家是否可以成功购买该企业的商品，并将结果填入表4.2.8中。

表4.2.8　判断并计算

买家所在国家	是否可以成功购买	若可以成功购买，如何计算运费
俄罗斯		
法国		
乌克兰		

※ 活动评价 ※

任务实施完成后，由团队负责人（组长）牵头开展自评及他评，完成任务评价表。

任务评价表

	成员	任务分工	组内表现（五星互评）	自己的分工及表现（自评）	组长评价（他评）
任务分工	成员1		☆☆☆☆☆		
	成员2		☆☆☆☆☆		
	成员3		☆☆☆☆☆		
	成员4		☆☆☆☆☆		
任务总结					

项目检测

1.单选题

（1）陈龙的速卖通店铺所属商品的重量为1.5 kg，包装体积为30 cm×20 cm×20 cm，请问计费重量是（　　）。

A.1.5 kg　　　　　　　B.2 kg　　　　　　　C.2.4 kg　　　　　　　D.3 kg

（2）含电池的玩具是（　　）品类。

A.普货类　　　　　　　B.违禁品类　　　　　　C.敏感货　　　　　　　D.危险品

（3）RU是（　　）的简写。

A.中国　　　　　　　　B.美国　　　　　　　　C.俄罗斯　　　　　　　D.法国

（4）无人机的标准运费为20美元，企业输入的减免百分数是70%，则买家实际需要支付的运费是（　　）美元。

A.20　　　　　　　　　B.14　　　　　　　　　C.10　　　　　　　　　D.6

(5)邮政小包寄送国际快递时,包裹的重量不能超过( )。

    A.1 kg   B.2 kg   C.3 kg   D.4 kg

2.多选题

(1)速卖通平台根据订单额度来划分速卖通物流方式,划分方式有( )。

    A.≤ 2 美元   B. >2 美元,≤ 5 美元

    C. >2 美元   D. >5 美元

(2)商业快递相对于邮政小包而言,其优势在于( )。

    A.价格高   B.时效快

    C.物流跟踪信息更新快   D.丢包率低

(3)物流平台的影响因素有( )。

    A.物流价格   B.物流时效

    C.物流派送   D.物流服务

(4)自定义运费中的运费计算方式有( )。

    A.标准运费   B.卖家承担运费

    C.自定义运费   D.不发货

(5)国际四大商业快递包括( )。

    A.UPS   B. EMS   C. DHL   D.TNT

3.判断题

(1)跨境店铺选择地址时任何地方都可以。   ( )

(2)很多企业在旺季的时候常采用海外仓的模式,方便商品的配送,提高物流时效。

                                                ( )

(3)选择物流时需要考虑配送国家的环境情况,比如是否有局势动荡、自然灾害等情况。

                                                ( )

(4)对难以查询妥投信息、大小包运输时效差的国家,可以选择不发货。   ( )

(5)EMS 业务是中国邮政为适应跨境轻小件物品寄递需要开办的标准类寄递业务。

                                                ( )

4.简答题

(1)简述影响选择物流的因素有哪些。

(2)简述何为海外仓,在跨境电商中它能发挥的积极作用是什么。

项目 5
读懂店铺数据和设置推广活动

项目综述

在完成店铺注册和商品上传后，店铺就正式开始运营了。接下来要关注的是如何开展有效的营销活动，快速提升店铺内商品的销量。读懂店铺数据、查询店铺概况、分析转化数据，最后根据分析结果设置合适的店铺推广活动，是每个速卖通卖家的必修课。

陈龙在店铺开始运营后，觉得商品的销量并不理想，在市场部张经理的建议下，陈龙计划对店铺运营进行优化。一方面，他收集各项店铺运营数据进行分析；另一方面，他制订促销推广计划，为设置合适的店铺促销推广活动。在店铺运营优化的过程中，陈龙发现店铺运营数据很多，每个数据又代表着不同的含义；店铺可以进行的促销活动种类也很多，每种促销活动适用的情况也不同。所以，要能读懂店铺数据，分析店铺的经营情况，才能设置出符合店铺需求的促销推广活动。

项目目标

通过本项目的学习，应达到的具体目标如下：

素质目标
◇培养学生主动利用网络资源开展学习和探究的精神；
◇培养学生全面思考、严谨敬业的工作态度和良好的数字素养；
◇培养学生的发展思维和创新能力。

知识目标
◇掌握店铺运营数据的含义和作用；
◇了解收集店铺数据的途径和分析数据方法；
◇掌握店铺促销活动的种类和设置流程。

能力目标
◇能够收集和整理企业的运营数据；
◇能够对企业的运营数据进行简单的分析；
◇能够根据要求设置店铺推广活动。

□ 项目思维导图

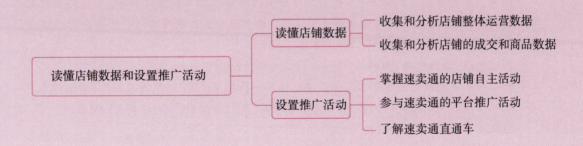

任务1 》》》》》
读懂店铺数据

任务情境

　　想要快速地优化店铺运营，提升商品销量，读懂店铺的运营数据是第一步，也是最关键的一步。它影响着店铺之后的运营策略和推广计划的选择。在前期的开店和传品过程中，陈龙已经对跨境电商平台的卖家后台的整体布局有了基本了解，接下来，他需要收集相关的店铺运营数据，并作出进一步分析。

任务分解

　　为了能够获取店铺的运营信息，收集和分析店铺和产品的相关数据，需要依次完成以下两个工作任务：

　　①收集和分析店铺运营数据；

　　②收集和分析店铺的成交和商品数据。

活动1　收集和分析店铺整体运营数据

活动背景

　　每个跨境电商平台的卖家后台都有自己的数据分析模块，为卖家的运营提供相应的数据支持。陈龙在收集店铺整体运营数据时，要了解后台数据分析模块的组成，找到对应的数据分析模块，才能更快捷地收集到需要的店铺数据。

回 知识准备

速卖通的卖家后台提供了丰富的行业市场数据与具体的店铺运营数据，卖家需要时刻关注自己店的数据，进行有效分析并及时优化。速卖通平台上现有的两个数据分析板块分别是"数据纵横"和"生意参谋"。

1. 速卖通"数据纵横"板块

数据纵横是速卖通基于平台海量数据打造的一款数据产品，按照美国太平洋时间计算。卖家能够依据数据纵横提供的数据，调整产品布局，制订店铺营销方向，提升销售业绩。

进入卖家后台➜数据纵横，如图 5.1.1 所示。

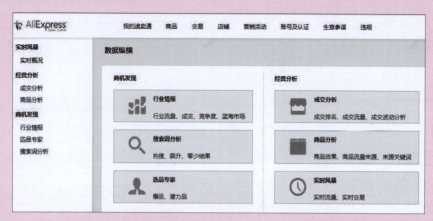

图 5.1.1 "数据纵横"板块

"数据纵横"由实时风暴、经营分析和商机发现 3 个模块组成，能给卖家提供详尽的市场变化和店铺运营数据。每个模块包含的具体内容如图 5.1.2 所示。

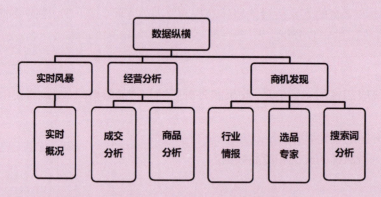

图 5.1.2 数据纵横各模块组成

2. 速卖通"生意参谋"板块

速卖通"生意参谋"板块主要功能是为商家运营提供相应的数据支持，是数据纵横的升级版。商家进入后台后，直接会看到生意参谋。"生意参谋"板块主要包括首页、流量、品类、物流、市场、任务助手等。卖家可以根据生意参谋提供的数据，为自己的店铺营销指导方向，做出正确决策。

进入卖家后台──➤生意参谋，如图 5.1.3 所示。

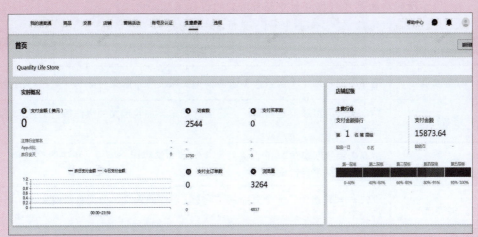

图 5.1.3　进入"生意参谋"板块

目前，"生意参谋"用于经营数据展示方面主要分为三个模块：首页、流量和营销。各模块的主要构成如图 5.1.4 所示。在本章的学习中，会以介绍"生意参谋"板块的功能为主。

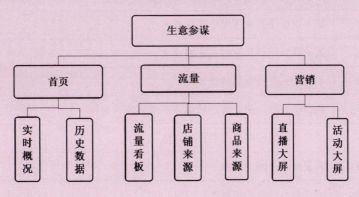

图 5.1.4　"生意参谋"各模块组成

★ 比一比 ★

　　从板块构成来看，你觉得"数据纵横"的各模块分别对应的是"生意参谋"的哪个模块？你更喜欢哪种数据的呈现模式？

_____

_____

_____

3. 常用的指标名称

表 5.1.1 所列举的是在数据分析中经常用到的指标名称和内容。

表 5.1.1　常见指标及含义

指标名称	指标含义
访客类型	指在历史以来（不含当天）该访客（买家）在本店支付成功次数进行的分类
访客行为	结合买家浏览该类型商品，进行加购物车、加收藏夹的操作等行为综合评分得出
访客 ID	访问店铺的所有访客 ID，通过国家缩写与编码组合生成。出于隐私保护，不开放完整买家身份信息
跳失率	跳失率 = 只访问了一个页面的访客数 / 总访问人次，分为首页跳失率和店铺跳失率
平均访问时间	访问时间为用户在一次访问内访问店铺内页面的时长，平均访问时间即所有用户每次访问时访问时长的平均值
平均访问深度	访问深度为用户在一次访问内访问店铺内页面的次数，平均访问深度即所有用户每次访问时访问深度的平均值
新买家占比	第一次在该卖家下单的买家数占比
新访客占比	第一次访问该卖家的访客数占比
下单买家数	下单的买家去重后的数量
下单转化率	统计时间内，来访客户转化为下单买家的比例
浏览量	浏览店铺页面和商品页面的次数
商品浏览量	浏览商品页面的次数
商品访客数	浏览商品页面的访客数
人均浏览量	人均浏览的页面数
平均停留时长	每个页面平均停留的时间，单位为秒
客单价	店铺整体成交金额除以店铺成交的买家数
加收藏夹人数	添加收藏夹的访客数
加收藏夹次数	添加收藏夹的次数，只计算添加收藏夹的点击行为
加购次数	添加购物车的次数，只计算添加购物按钮的点击行为
加购人数	添加购物车的人数，多次添加会进行去重
创建订单数	下单的订单数量
创建订单买家数	下单的买家去重数

续表

指标名称	指标含义
创建订单金额	下单的订单金额
支付转化率	支付买家数除以访客数
支付订单数	支付的订单数量
支付订单金额	支付的订单金额
客单价	店铺整体成交金额除以店铺成交的买家数
购买率	访问该页面的访客中当天下单的访客访问该页面的总访客数
装修事件	当日发生的装修事件总数
店铺行为	从浏览到支付金额区间的各项有数据的维度都称为访客产生的店铺行为

活动实施

仔细阅读表 5.1.1，分组进行讨论，选出你们组认为对于优化店铺运营、提升销量最重要的 10 个指标，并判断应该选择优化店铺和商品还是参加平台推广活动才能达到提升效果。

步骤 1：选出 10 个你们组认为在优化店铺运营、提升销量的过程中要重点研究的 10 个指标，填在下表里。

步骤 2：讨论后确定要提升这个指标是需要通过对店铺和产品优化还是开展平台推广活动，请在表 5.1.2 中的相应位置打"√"。

表 5.1.2　指标提升方案

序号	指标	店铺和产品优化	开展平台推广活动
1			
2			
3			
4			
5			
6			
7			
8			
9			
10			

步骤 3：各组讨论填写完成后，在班级中进行讨论和分享。

※ 活动评价 ※

任务实施完成后，由团队负责人（组长）牵头开展自评及他评，完成任务评价表。

任务评价表

	成员	任务分工	组内表现 （五星互评）	自己的分工及表现 （自评）	组长评价 （他评）
任务分工	成员1		☆☆☆☆☆		
	成员2		☆☆☆☆☆		
	成员3		☆☆☆☆☆		
	成员4		☆☆☆☆☆		
任务总结					

活动2 　收集和分析店铺的成交和商品数据

活动背景

　　掌握了速卖通后台数据板块总体情况和常用的指标含义后，就要对每个模块的具体数据进一步收集和分析。陈龙选择了"生意参谋"板块作为主要分析工具，开始着手对其中的三个模块以及对应的子模块进行店铺运营数据的收集和分析，并以此对店铺的运营情况进行诊断，制订进一步的优化策略。

▣ 知识准备

　　"生意参谋"中常用的模块有三个："首页"模块、"流量"模块和"营销"模块。

　　1. 生意参谋—首页

　　目前生意参谋首页里主要有两个大的模块：实时概况模块和历史数据模块。卖家可以在这里了解到自己店铺的整体经营情况。

　　（1）实时概况模块

　　实时概况是按照美国时间进行统计的，展示了5个主要指标：支付金额、访客数、支付买家数、支付订单数和浏览量，如图5.1.5所示。相比较"数据纵横"的5分钟更新一次数据，实时概况是每30秒更新一次数据。

　　实时概况除了展示具体的指标，还展示了行业排名、App占比和昨日全天行业排名的数据，这是对"数据纵横"的一个升级。"数据纵横"只展示现在支付金额超过了行业百分之多少的卖家，而"实时概况"直观地展示企业在行业里的排名。不过平台只对行业的前200名商家具体排名，后200名为200名之外的商家，统一显示200。

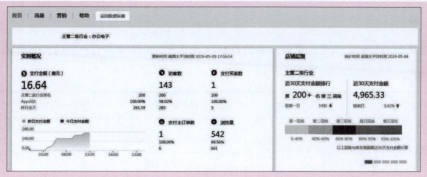

图 5.1.5　"生意参谋"实时概况模块

⊙填一填⊙

从图 5.1.5 实时概况模块中将对应的数据摘录下来,填写下表。

支付金额	
访客数	
支付买家数	
支付订单数	
浏览量	

（2）历史数据模块

历史数据模块是分日、周、月三个时间维度来显示的,分为整体看板、流量看板、转化看板和客单看板。月趋势图会展示最近 12 个月的数据,周趋势图会展示最近 12 周的数据,日趋势图会展示最近 30 天的数据。右侧有个同行同层的按钮,如果将其勾选就可以看到对比同行的数据情况。

①整体看板。平均和优秀两个指标可以作对比,通过观看相对应的指标,可以看到行业标杆跟行业的平均水平,了解企业所处位置。通过对多项指标进行勾选,方便进行查看和比对,如图 5.1.6 所示。

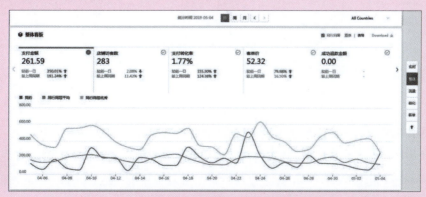

图 5.1.6　"历史数据模块"的整体看板

⊙填一填⊙

请从图5.1.6整体看板中将对应的数据摘录下来，并记录与前一日的变化情况，填写下表。

指标	数值	与前一日相比变化情况	与前一周相比变化情况
支付金额			
店铺访客数			
支付转化率			
客单价			
成功退款金额			

②流量看板。流量看板目前分App与非App，可以进行切换观看不同端口的数据情况。页面来源构成可以看到店铺的流量来源和Top5的流量来源带来的访客数与其他转化率。搜索词排行可以直观显示消费者通过哪些关键词进行搜索到店铺，访客数分别是多少，以及下单转化率是多少，如图5.1.7所示。

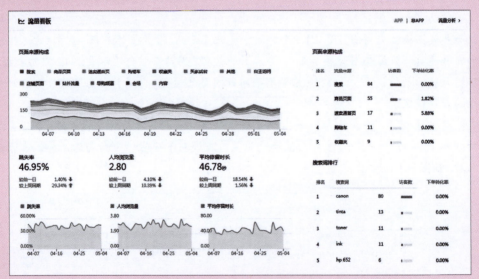

图5.1.7 "历史数据模块"的流量看板

③转化看板。一般访客进入主页，通常的行为有加购、收藏、支付或是跳失。转化看板能够查询到访客收藏转化率、访客加购转化率和访客支付转化率，如图5.1.8所示。

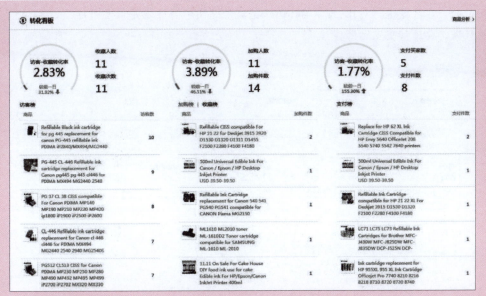

图 5.1.8　"历史数据模块"的转化看板

④客单看板。客单看板分两种,一种是客单分布,另一种是支付件数分布。客单分布图显示的是店铺的具体客单数据。如图 5.1.9 所示,在 10 月 23 日下单支付的买家,0~22 美元客单的是 651,占所有的买家客单的 43%,22~49 美元占 21%,49~95 美元占 7.7%,以此类推。从这里可以看出,买家更喜欢买的产品客单是 0~49 美元,占总体的约 65%,然后 95~122 美元客单的买家是最少的,需要进行优化。

支付件数分布是指购买不同件数的买家数量和占比,如果购买数量少的买家较多,就需要考虑加大批量促销力度。

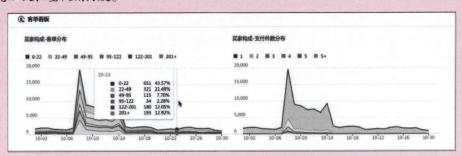

图 5.1.9　"历史数据模块"的转化看板

2. 生意参谋—流量

流量页面目前主要有流量看板、店铺来源和商品来源三个板块。

（1）流量看板

流量看板主要细分为流量总览和国家排行两个数据内容。

①流量总览。流量总览其实跟我们查看首页模块里面的历史数据有点相似,都可以分日、周、月进行数据查看,如图 5.1.10 所示。我们通过流量总览可以看出店铺所存在的问题,到底是曝光率低还是点击率低抑或是转化率低。针对店铺具体的问题再进行优化,也可以观看

同行的一直数据进行对比,了解自己的店铺流量是高于同行还是低于同行,低于同行平均值的数据就要进行重点优化。

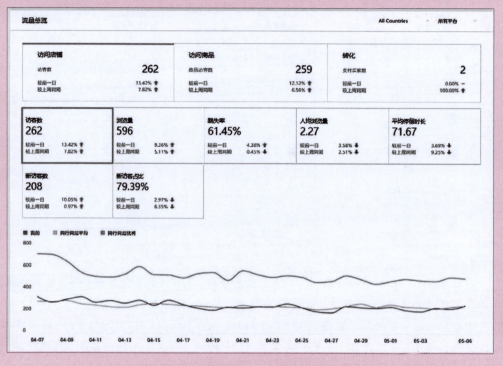

图 5.1.10　流量看板的流量总览

找一找

请从图 5.1.10 流量总览中分别找出和前一日相比上升和下降的指标数据填写下表。

上升的指标数据	下降的指标数据

②流量分布。流量分布可以看到流量主要源自哪些国家和行业,如图5.1.11所示。流量大的国家说明是重点开发的目标市场,我们可以重点去了解这个国家的风俗习惯以及社会文化,然后根据这些特点重点优化产品以及页面设计风格。

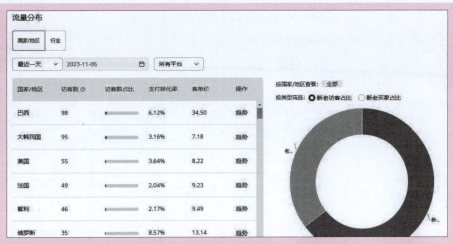

图 5.1.11　流量看板的国家排名

（2）店铺来源

店铺来源细分为页面来源趋势和页面来源分布。

①页面来源趋势。页面来源趋势主要是观看流量来源的一些途径趋势，如图 5.1.12 所示，可以看出客户主要通过哪些途径来到店铺。可以分日、周、月查看数据，以及对应流量是 App 来源还是其他途径来源。

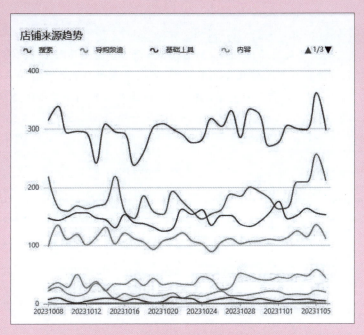

图 5.1.12　店铺来源的页面来源趋势

②页面来源分布。来源分布主要展示的就是具体来源数值。可以勾选相关选项进行数据横向对比，访客多的页面需要重点进行优化以及设计，如图 5.1.13 所示。

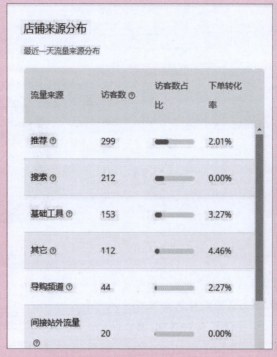

图 5.1.13　店铺的页面来源构成

（3）商品来源

商品来源主要看的是商品排行榜，如图5.1.14所示。这里可以直观地看出卖出的商品有多少，分别对应的访客数以及转化率是多少，对定制爆款商品有着重要的参考价值。数据同样可以通过日、周、月来进行统计查看，并可以区分出是从移动端卖出还是从 PC 端卖出。

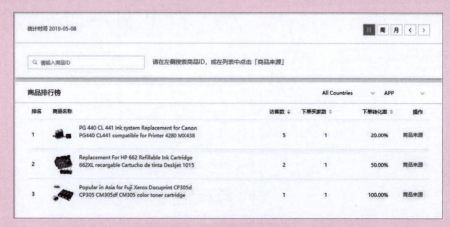

图 5.1.14　流量—商品来源

3. 生意参谋—营销

营销页面目前有直播大屏与活动大屏两种。目前直播大屏是对一些商家随机开放，很多商家可能看不到，而活动大屏是对报名平台活动成功的商家才会展示。

（1）直播大屏

直播大屏是每天更新数据的，按照美国时间统计数据，可以使用全屏展示，展示效果会更佳，如图 5.1.15 所示。

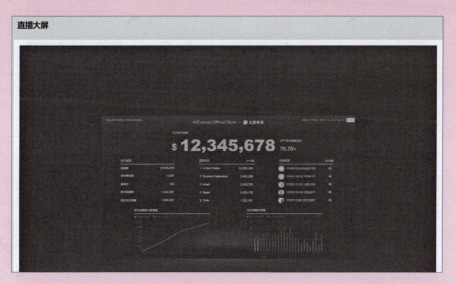

图 5.1.15　直播大屏

（2）活动大屏

活动大屏只有在活动期间才会显示数据，可以通过下拉框选择所参加的活动观看相对应的数据。统计数据是按照悉尼时间进行统计的。活动累计支付金额是指从活动开始计算的，如图 5.1.16 所示。

图 5.1.16　活动大屏

★比一比★

区别	直播大屏	活动大屏
数据显示时间		
数据计算时间		
数据更新时间		
其他		

活动实施

生意参谋

查看尚美公司的网店"生意参谋"中的信息,按照分类做好记录,并尝试简单分析店铺的总体经营情况。

步骤1:扫二维码,获取公司网店"生意参谋"的数据截图。

步骤2:分模块摘取相关数据,填写表5.1.3,并对数据进行简单分析。

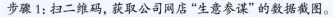

表5.1.3　摘取数据并进行分析

模块		数据	结论
实时概况模块	支付金额		
	访客数		
	支付买家数		
	支付订单数		
	浏览量		
历史数据模块	整体看板		
	流量看板		
	转化看板		
	客单看板		
流量看板	流量总览		
	国家排行		

模块		数据	结论
店铺 来源	页面来源趋势		
	页面来源构成		
商品来源			

步骤 3：根据收集到的数据信息，对比行业数据，总结尚美网店的整体运营表现。

运营表现总结：

步骤 4：各组汇总小组数据分析和总结，并在全班做最终的发言和分享。

※ 活动评价 ※

任务实施完成后，由团队负责人（组长）牵头开展自评及他评，完成任务评价表。

任务评价表

	成员	任务分工	组内表现 （五星互评）	自己的分工及表现 （自评）	组长评价 （他评）
任务 分工	成员 1		☆☆☆☆☆		
	成员 2		☆☆☆☆☆		
	成员 3		☆☆☆☆☆		
	成员 4		☆☆☆☆☆		
任务 总结					

任务2 >>>>>>
设置推广活动

任务情境

在跨境电商运营中,店铺活动具有在某个时期内快速提升运营效果的作用。因此,为了达到预定的目标,企业时常需要设置不同类型的推广活动。在对店铺数据进行分析后,陈龙发现店铺存在不少问题,如连衣裙点击率很高,但转化率却不理想。陈龙计划好好学习一下速卖通跨境电商的营销推广活动类型及特点,希望能找出最适合自己公司所售卖商品的活动,从而提升店铺销量。

任务分解

明确店铺的推广目标,并依次完成以下三个工作任务:
①掌握速卖通的店铺自主活动;
②参与速卖通的平台推广活动;
③了解速卖通直通车。

活动1 掌握速卖通的店铺自主活动

活动背景

为了提高店铺效益,企业要根据营销目标设置推广活动。在速卖通平台上很多不同类型的活动,有店铺自主活动,也有平台促销活动;有免费的推广活动,也有付费的推广活动。陈龙不知应该选择哪些活动进行推广。在设置推广活动之前,必须了解后台可供设置的活动有哪些,才能根据自己的推广目标作出决策。

🔲 知识准备

店铺自主活动以速卖通平台为例,包括限时限量折扣、全店铺打折、满件减/满立减、店铺优惠券、购物券、店铺互动等。下面介绍4款常用的店铺自主活动。

1.限时限量折扣

限时限量折扣属于店铺自主营销活动,既可以自主创建活动,也可以参与平台活动,门槛低、效果好。在店铺的四大营销工具中,限时限量折扣是四大营销工具之首,在店铺营销中最常用,既有利于打造新品引流,也能提高客户下单转化率。

根据数据分析,确定了限时限量折扣活动的时间、目标市场以及活动商品,我们就可以进行平台的设置。以速卖通平台为例,限时限量折扣设置的进入路径,打开速卖通后台,依次点击：营销活动→店铺活动→限时限量折扣→创建活动，如图 5.2.1 所示。

图 5.2.1   限时限量折扣设置

限时限量的最大特点就是活动时间和数量都有限，以形成抢购的活动气氛。在界面中输入"活动名称""开始时间""结束时间"，特别注意参照目标市场的时间。为了增加活动设置的严谨性和时效性，"活动开始时间"最早为当前 12 个小时，活动开始前 6 小时进入"等待展示"。平台也支持实时发布，无须选择活动开始时间，活动创建后添加商品，最多可以添加 60 个，然后点击发布，5 分钟内生效。下一步进入添加商品页面，如图 5.2.2 所示。

图 5.2.2   创建店铺活动

我们可以根据推广的对象人群，单独或批量设置折扣率，比如第一步设置全站折扣率，第二步可以设置定向人群附加折扣和新买家附加折扣。特别提醒，X% OFF＝（100%−X）折，例如，20% OFF 是指商品 8 折，30% OFF 是 7 折。折扣力度过大除了影响利润率，还会让客户误会商品是劣等品或店铺有经营危机，折扣力度不够又达不到推广效果，具体折扣率的设定需要考虑推广目标、竞争状况、库存情况等诸多因素（图 5.2.3）。

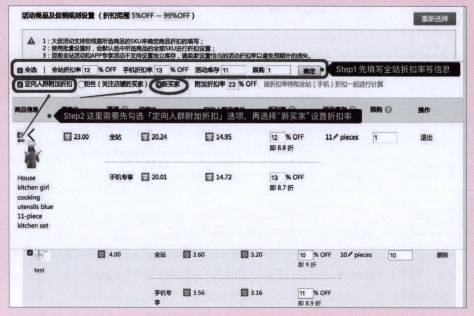

图 5.2.3　设置商品折扣率

？？想一想

折扣率是否越低越好，折扣率的设定需要考虑哪些因素？

值得注意的是，限时限量折扣活动的价格不得虚假折扣，要确实做到优惠力度，不要经常提价打折，否则会影响店铺的良好信誉形象，甚至会被剥夺工具的使用权。在选择活动产品时，可以选择库存充足的新产品、引流款、利润款。活动时间一般为 10 天比较适中，以营造购买的迫切感，设置完打折后，由于系统审核及服务器同步问题，买家最早 12 个小时之后才会看到活动价格。因此，如果有重大活动，需要提前至少 12 小时完成工具设置，以免影响推广效果。参与活动的商品数量也要适中（平台最多勾选 60 款），太多或太少都达不到预期效果。

2. 全店铺打折

全店铺打折对卖家整体提高店铺销售额有明显的帮助，卖家既可以自主创建全店铺打折活动，也可以参与平台全店铺打折活动，例如"参与 328 周年庆大促"。参与这种类型的平台大促时，平台对全店铺打折设置的卖家有流量扶持，可以借助平台大量引流，提升店铺的竞争力。当平台大促结束后，仍可以持续地增长销量。除此之外，在多款商品上架和换季时节，"全店铺打折"可以提升新品销量，也可以对过季商品进行清仓。

由于移动端购物需求越来越大，平台也给移动端用户提供更大的优惠。设置全站折扣率和无线折扣率，无线折扣率要比全站折扣率高至少一个百分点，比如全站折扣率设置为 6%，无线端至少设置为 7%。

3. 满立减 / 满件折

门店的销售额是由客单价和顾客数决定的，"满立减 / 满件减"活动的特点就是可以立竿见影地提高客单价。满立减是达到一定金额或数量就给予减价的优惠活动，而满件减是达到一定金额或数量就给予打折的优惠活动。全店铺打折与全店铺满立减完全没有冲突，如果两者同时进行，会产生折上折，可以进一步刺激买家购买，但必须计算清楚利润率。在速卖通平台中，可以通过"生意参谋"功能查看最近 7 天 /30 天 /90 天的店铺客单价，以及网站平均客单价。

📝 **算一算**

> 客单价是指一定时期内，每位顾客消费的平均价格，客单价的计算公式是：客单价 = 支付金额 / 买家数。销售营业额 21 000 元，一天共有 120 个买家。进行满 2 件减 30 元活动后，销售营业额为 25 000 元，一天共有 135 个买家，客单价分别是多少？

以速卖通平台为例，活动类型有"全店铺满立减""商品满立减""全店铺满件折""商品满件折"，具体优惠情况见表 5.2.1。

表 5.2.1　满立减 / 满件折活动类型

活动名称	活动解释
全店铺满立减	全店铺商品均参与满立减活动，订单金额包含商品价格和运费，所有商品按折后价参与
商品满立减	设置了活动的部分商品的满立减活动，订单金额包含商品价格（不包含运费），商品按折后价参与
全店铺满件折	全店铺商品均参与满件折活动，所有商品按折后价参与
商品满件折	全店铺商品均参与满件折活动，所有商品按折后价参与

满立减条件可以选择"单层级满立减"或"多层级满立减"，其中"多层级满立减"中后一梯度订单金额必须大于前一梯度的订单金额，后一梯度的优惠力度必须大于前一梯度，主要目的是促使客户多买，具体设置如图 5.2.4 所示。

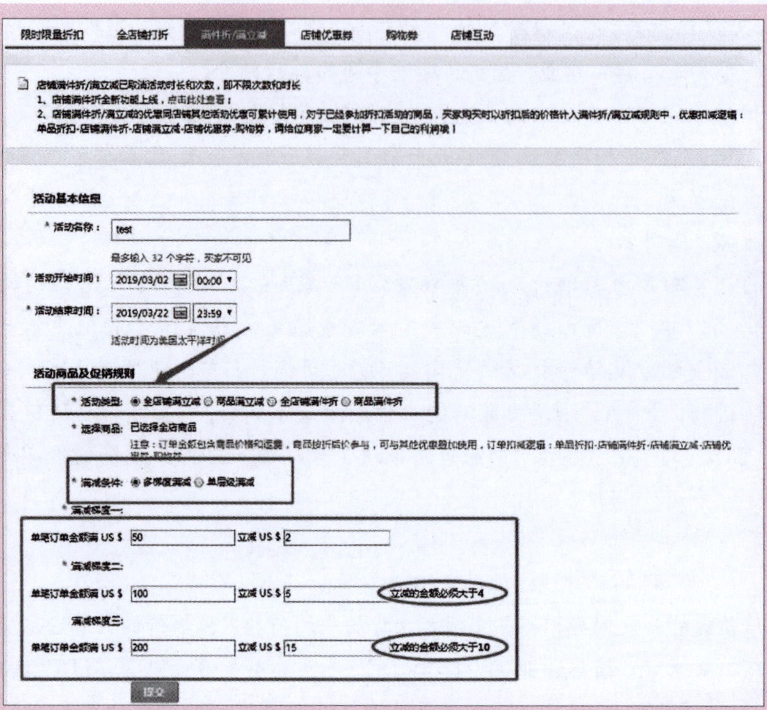

图 5.2.4　设置满件折 / 满立减

4. 店铺优惠券

设置店铺优惠券与满立减活动都是为了提高店铺的客单价,但满立减对金额的要求较高,而店铺优惠券的要求更灵活,可以是小金额的,例如 2 美元、3 美元等。此外,店铺优惠券可以增加二次销售的机会,例如本次的购买所获得的店铺优惠券可以下一次购买使用,已达到提高复购率的效果。

🔍 查一查

速卖通平台的店铺优惠券类型有以下 5 种,它们主要各自的作用和设置规则是。

优惠券类型	作用	设置规则
领取型店铺优惠券		
定向发放型优惠券活动		
金币兑换优惠券活动		
秒抢优惠券活动		
集聚人气优惠券活动		

优惠券应包含的要素有:①发放对象;②优惠券类型;③使用条件;④领取时间;⑤使用时间;⑥发放总量;⑦每人限领。发布优惠券活动一段时间后,可以对不同优惠券进行分析,

从而找到最适合店铺的优惠券。相同一段时间内，领用数量最多的优惠券，说明比较受欢迎；领用数量较少的优惠券，以后就可以少设置。

？？想一想

陈龙发布了一个有效期为3天的店铺优惠券，金额5元，领取人数有几百人，但使用人数只有几十人，想一想可能是什么原因？

活动实施

10月30日是店铺的周年庆，请以小组为单位，选择上述2～3店铺活动进行设计。

步骤1：明确活动目标、活动主题、活动对象、活动时间等完成表5.2.2。

表5.2.2　明确活动目标、主题、对象及时间

活动目标	
活动主题	
活动对象	
活动时间	

步骤2：选择店铺活动并说明理由，完成表5.2.3。

表5.2.3　店铺活动选择

店铺活动	选择理由	具体做法	预期效果
限时限量折扣			
全店铺打折			
满件减/满立减			
店铺优惠券			

步骤3：小组长汇总调研成果，制作汇报PPT，并在全班做最终的发言和分享。

※ 活动评价 ※

任务实施完成后，由团队负责人（组长）牵头开展自评及他评，完成任务评价表。

任务评价表

	成员	任务分工	组内表现（五星互评）	自己的分工及表现（自评）	组长评价（他评）
任务分工	成员1		☆☆☆☆☆		
	成员2		☆☆☆☆☆		
	成员3		☆☆☆☆☆		
	成员4		☆☆☆☆☆		
任务总结					

活动2　参与速卖通的平台推广活动

活动背景

设置完店铺自主活动后，陈龙发现店铺的销量有了增长，但并不理想，希望能寻找其他方式继续加大推广力度。他看见平台上经常有推广活动，很感兴趣，希望能通过参与平台活动为店铺带来明显的业绩增长。平台上的活动有很多，如"秒杀"、俄罗斯团购、服装节活动等。陈龙开始研究这些活动的要求和效果，准备为店铺选择合适的平台推广活动。

🔲 知识准备

平台活动是阿里巴巴速卖通面向卖家推出的免费推广服务，主要包括大促活动、团购活动以及针对特定行业和主题的专题活动，比如闪存优惠、俄罗斯团购、无线活动等。这些活动是平台流量的集中地，高曝光、高流量、高转化获取订单，平台活动越来越受卖家的欢迎。进入活动列表页面，可以通过"查看平台所有活动"进入活动列表页面，或者点击各板块中的"立即报名"进入筛选后活动列表页，如图 5.2.5 所示。

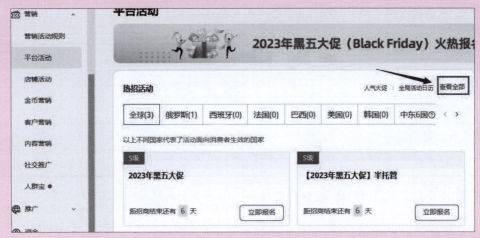

图 5.2.5　查看平台活动

以速卖通平台为例，平台活动可以分为平台常规活动、行业/主题活动、奖励活动和大促活动，卖家可以根据自身情况，选择符合招商条件的活动参与。速卖通中各类型平台活动的对比见表 5.2.4。

表 5.2.4　速卖通各类型平台活动对比表

平台活动	活动名称	活动介绍	优势	具体活动
平台常规活动	flash deals	平台的"秒杀"活动，全站唯一享有单品首页曝光，适用于推新品和打造爆款的活动	适用于日常促销，促销力度大，位置显眼	Today's deals 今日秒杀 Weekend's deals 周末秒杀

续表

平台活动	活动名称	活动介绍	优势	具体活动
平台常规活动	国家站团购	针对特定国家的营销活动	打开某国市场的非常好的"敲门砖"	巴西团购
行业 \ 主题活动	行业活动	根据不同行业的特性，推出专属行业的主题营销活动	针对不同行业的热销品和新品的专题活动	数码节、零食节
	主题活动	针对特定主题设定的专题营销活动	借助节日主题的热度进行促销	情人节大促活动，新年换新季的主题活动
奖励活动	橱窗推荐	平台奖励给卖家的资源，等级越高的卖家享受的资源奖励越多	增加排序效用，使商品排名靠前，提高产品的曝光度	可通过"店铺动态中心—可用资源"查询店铺的橱窗数量
整体大型促销活动	平台大促	平台一年之中最重大的事情，速卖通每年举行 3 次大促，吸引消费者集中消费	集聚网站全部力量，引入海量新流量。主要采取 GaGa 秒杀、主会场 5 折精品、全店铺打折等手段。平台数据表明，每次大促卖家交易额平均提升 5 倍	速卖通周年庆（3 月 28-30 日）速卖通无线大促（8 月 28 日 - 9 月 1 日）速卖通购物节（每年双"十一"）

选一选

　　根据橱窗产品推荐"高点击、高转化、高收藏、高加购"的原则，以下哪些产品适合放在陈龙的店铺橱窗位置？（　　　）

　　A. 经过市场人员测试，市场接受度较高、转化率较高的主推款

　　B. 对流量有一定的承接基础和承接能力、曝光率不稳定的潜力款

　　C. 同一个子类目的多产品配合

　　D. 没有积累足够的数据，数据不够稳定的新产品

活动实施

　　以小组为单位根据活动要求，制订参与平台活动的计划。

　　步骤 1：研读平台活动要求。

活动要求

渠道要求	全站(可选择设置APP专享)
价格门槛	30天最低价（常规）
支付时限	买家下单成功时开始1天内
图片要求	1. The image size is above 800 * 800 with aspect ratio 1: 1. The image size is within 5M. 2. 白色背景。 3. 无水印，不可拼图。

店铺资质要求

我的资质	资质要求	资质详情
✓ 符合	近90天好评率	店铺近90天好评率需在94%及以上

报名商品要求

资质要求	资质详情
包邮国家	指定必须包邮的国家：俄罗斯,美国,英国,西班牙,法国,波兰
类目要求	男装-->男士套装：折扣要求 20%以上 男装-->西服：折扣要求 20%以上 男装-->衬衫：折扣要求 20%以上

步骤2：选择活动商品并说明原因。

我选择了：
_____

选择的原因：
_____
_____
_____

步骤3：设置活动信息，完成表5.2.5。

表5.2.5　活动信息设置

商品名称	参与活动的市场	原价		折扣价		库存
		全站		全站		
		App		App		
		全站		全站		
		App		App		
		全站		全站		
		App		App		
		全站		全站		
		App		App		

步骤4：提交活动报名。

※ 活动评价 ※

任务实施完成后,由团队负责人(组长)牵头开展自评及他评,完成任务评价表。

任务评价表

	成员	任务分工	组内表现 (五星互评)	自己的分工及表现 (自评)	组长评价 (他评)
任务 分工	成员 1		☆☆☆☆☆		
	成员 2		☆☆☆☆☆		
	成员 3		☆☆☆☆☆		
	成员 4		☆☆☆☆☆		
任务 总结					

活动 3　了解速卖通直通车

活动背景

陈龙了解到很多同行为了获得更好的推广效果,都会使用速卖通的直通车服务——一种典型的点击付费广告(Pay For Performance)。使用直通车服务,产品排名会靠前,买家搜索关键词时,产品也可以获得优先展示。陈龙也想了解速卖通的直通车服务,尝试拓展新的推广方式看看效果。

知识准备

1. 速卖通直通车的介绍

速卖通直通车,是阿里巴巴全球速卖通平台通过自主设置多维度关键词,免费展示产品信息,通过大量曝光产品吸引买家,并按照点击付费的全新网络推广方式,能够快速提升店铺流量,就像"直通车"一样勇往直前,常用于测试新品和打造爆款。直通车的作用主要包括:

①能够快速提升店铺的流量;

②能够帮助店铺进行选品和测款;

③能够帮助新品快速引流和爆款快速推广;

④能够稳定店铺产品的自然排名;

⑤提升快速提升订单量和店铺交易额。

直通车可以分为 4 个等级,4 种权益。每个等级是根据分数进行评级,对应不同的权益的。对直通车卖家要做店铺运营来说,要达到高级车手等级才能获得更好的发展,如图5.2.6 所示。

等级权益规则				
专属权益	**实习车手** 月活跃天数<23 或 月消耗金额<3,000	**初级车手** 月活跃天数>=23 且 月消耗金额>=3,000	**高级车手** 月活跃天数>=23 且 月消耗金额>=5,000	**车神** 月活跃天数>=23 且 月消耗金额>=10,000
广告课程	✓	✓	✓	✓
满减卡券	--	120-20的卡券3张 有效期30天	200-40的卡券3张 有效期30天	350-50的卡券6张 有效期30天
分时投放	--	--	--	✓
专属客服	--	--	--	✓

图 5.2.6　直通车等级与权益

2. 直通车推广与运营

(1) 选择直通车推广计划

根据店铺的经营策略和推广预算, 我们可以选择重点推广计划和快捷推广计划两种推广方式, 两者的区别见表 5.2.6。

表 5.2.6　直通车推广计划

推广计划	作用	规则	使用场景
重点推广计划	帮助商家选择重点产品, 打造爆品, 避免流量分散	最多可以建 10 个重点计划, 每个计划内一个商品, 每个商品 200 个关键词	销量好、转化率高、好评率高和收藏次数多的产品
快捷推广计划	更快、更迅速、更方便地覆盖更多流量和测试新品, 选出值得集中精力推广的潜力商品	最多可以创建 30 个快捷推广计划, 每个计划最多可以同时推广 100 个商品, 同时具备批量选词、批量出价的功能	新品或者是非重点推广产品

(2) 选择推广商品

选择合适的推广商品是直通车推广的基础, 也是直通车推广的起点。一般来说, 直通车商品的选择可以从以下角度进行决策, 如图 5.2.7 所示。

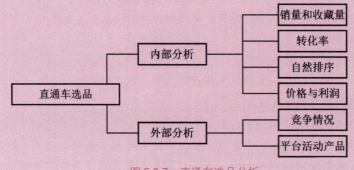

图 5.2.7　直通车选品分析

我们可以参考"生意参谋"的"店铺来源"和"商品来源"数据，选择销量好、转化率高、好评率高和收藏次数多的商品适合进行重点推广，而数据积累少的新品则适合快捷推广。

（3）选择关键词

在直通车关键词工具中，应该选择推广评分优，30天搜索热度高、竞争度低、市场平均价低的关键词进行添加，关键词最多可以添加 200 个，如图 5.2.8 所示在快捷推广计划中，为了最大化引流效果，应该遵循广泛加词原则，把与产品有关的词都尽可能加入推广计划。

图 5.2.8　重点推广计划关键词工具

🔍查一查

<table>
<tr><td colspan="2">获取直通车推广关键词的途径有哪些?</td></tr>
<tr><td>站内</td><td>站外</td></tr>
<tr><td></td><td></td></tr>
<tr><td></td><td></td></tr>
<tr><td></td><td></td></tr>
</table>

（4）关键词出价

选择好关键词后，需要根据预算对关键词出价。直通车推广所用的每一个词在为商品带来流量、在促进成交的同时，每次点击都有相应的成本。影响直通车排名的主要因素包括推广评分和关键词，而直通车排名的综合得分就是这两者之积，也就是：

$$直通车推广排名综合得分 = 关键词出价 × 推广得分$$

如上述公式显示，某个关键词推广的直通车排序是由其推广综合得分决定的，而综合得分取决于关键词出价和推广评分这两个因素，综合得分越高，排名越靠前。

直通车的出价是一个系统工程，应该根据各个关键词的词性、商品不同的推广阶段，点击效果设置不同的出价,并进行动态管理。

🔍查一查

哪个关键词或推广阶段可以考虑提高/降低关键词,点击出价呢?

高转化率的词

低转化率的词 　　　　　| 提价 |

范围大的词

精准词

热门词

系统推荐的优词

推广前期阶段 　　　　　| 降价 |

转化率逐步上升阶段

高,点击无转化的词

3.直通车计划的创建和投放流程

①进入速卖通直通车:速卖通后台→营销活动→速卖通直通车,如图5.2.9所示。

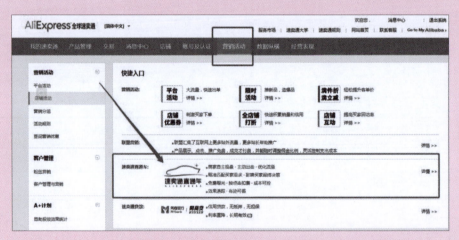

图 5.2.9　进入速卖通直通车

②单击左上角"我要推广"按钮,如图5.2.10所示。

图 5.2.10　直通车创建推广计划界面

③选择重点推广计划,填写推广计划名称,单击"开始新建"按钮,如图 5.2.11 所示。

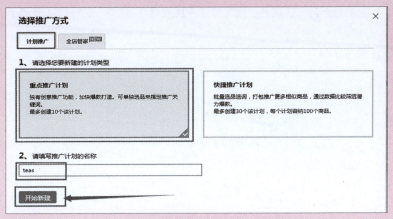

图 5.2.11   直通车选择推广方式界面

④选择关键词,设置好价格,单击"下一步",如图 5.2.12 所示。

图 5.2.12   直通车选择关键词界面

⑤新建重点推广计划完成后,选择开通商品推荐投放,如图 5.2.13 所示。

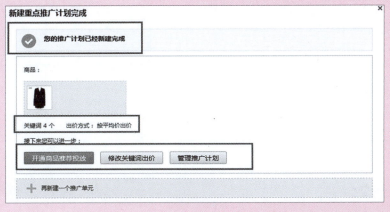

图 5.2.13   直通车推广计划新建完成界面

⑥根据当前市场平均价出价参考，进行对单次单击价格出价，确定无误后，单击"确定"按钮提交，如图 5.2.14 所示。这样，就完成了一次直通车推广计划的创建和投放流程。

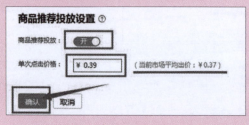

图 5.2.14　直通车推荐投放设置界面

活动实施

以小组为单位帮陈龙为尚美服装选择一款女装（商品自定），按照知识准备中直通车推广计划的创建和投放流程填写表 5.2.7，并在课堂上进行展示。

表 5.2.7　直通车推广计划

直通车推广计划名称			
直通车推广计划类型		选择的原因	
直通车关键词选择 （200 个以内，尽量多列举）	站内 关键词		
	站外 关键词		
设置价格的方式选择		选择的原因	
投放点击价格设置 （假设当前市场平均价格为 0.3）		设置的原因	

※ 活动评价 ※

任务实施完成后,由团队负责人(组长)牵头开展自评及他评,完成任务评价表。

任务评价表

	成员	任务分工	组内表现 (五星互评)	自己的分工及表现 (自评)	组长评价 (他评)
任务 分工	成员 1		☆☆☆☆☆		
	成员 2		☆☆☆☆☆		
	成员 3		☆☆☆☆☆		
	成员 4		☆☆☆☆☆		
任务 总结					

项目检测

1. 单选题

(1)速卖通的运营数据是按照(　　　)的时间进行统计的。

　　A. 中国　　　　　B. 美国　　　　　C. 英国　　　　　D. 澳大利亚

(2)以下(　　　)指标没有出现在"生意参谋"的整体看板里。

　　A. 访客数　　　B. 转化率　　　C. 跳失率　　　D. 客单价

(3)"双十一"是属于(　　　)类型的活动。

　　A. 主题类活动　　　　　　　B. 平台常规性活动

　　C. 平台整体大促活动　　　　D. 团购活动

(4)在店铺的四大营销工具中,(　　　)是四大营销工具之首。

　　A. 限时限量折扣　　　　　　B. 全店铺打折

　　C. 满件减/满立减　　　　　　D. 店铺优惠券

(5)向指定人群发放的优惠券是(　　　)。

　　A. 领取型店铺优惠券　　　　B. 定向发放型优惠券活动

　　C. 秒抢优惠券活动　　　　　D. 聚人气优惠券活动

2. 多选题

(1)速卖通"数据纵横"中包含(　　　)数据模块。

　　A. 经营分析　　　　　　　　B. 流量分析

　　C. 商品分析　　　　　　　　D. 实时风暴

(2)速卖通"生意参谋"的历史数据模块是分(　　　)维度来显示。

　　A. 时　　　　B. 日　　　　C. 月　　　　D. 年

(3) 以下说法正确的是（　　　）。

    A.20% OFF 是指商品 2 折

    B."满立减 / 满件减" 活动的特点就是可以立竿见影地提高客单价

    C. 对不同优惠券进行分析，可以找到最适合店铺的优惠券

    D.重点推广计划适用于销量好、转化率高、好评率高和收藏次数多的产品

(4) 平台常规性活动主要包括（　　　）。

    A. 行业主题活动　　　　　　　B.平台常规活动

    C.平台整体大促活动　　　　　D. 抢购活动

(5) 影响直通车排名的因素主要包括（　　　）。

    A. 推广评分　　　　　　　　　B. 店铺排名

    C.关键词热度　　　　　　　　D. 关键词出价

3. 判断题

(1) 数据纵横是速卖通平台的一款数据产品，是按照北京时间计算。　　　　（　　　）

(2) "生意参谋" 板块的流量模块包括流量看板、店铺来源和商品来源。　　（　　　）

(3) "转化看板" 只能够查看到收藏转化率和访客加购率。　　　　　　　（　　　）

(4) 限时限量折扣属于平台推广活动。　　　　　　　　　　　　　　　（　　　）

(5) 平台的 "秒杀" 活动属于平台常规活动。　　　　　　　　　　　　（　　　）

4. 简答题

(1) 请指出影响以下常见指标的主要因素有哪些？

  ①搜索曝光量　　　②店铺浏览量　　　③店铺访客数　　　④浏览下单转化率

(2) 设置优惠券时，需要考虑哪些要素？

项目6
体验跨境电商客服工作

项目综述

跨境电商客服的工作目标是吸引新客户、保留老客户以及将已有的客户转为忠实客户。工作内容包括解答买家咨询、处理订单、维护买家关系等，通过提供一系列的客户服务，促进商品销售，提升海外买家的满意度，提高店铺评分，树立店铺形象。

由于跨境电商客服面对的是海外买家，存在着语言、文化、习俗等方面的不同，需要我们在认识跨境电商客服岗位要求的基础上，了解境外买家的消费习惯、文化背景、沟通礼仪等，有针对性地进行良好沟通。并且学会借鉴行业内较为成熟的话术模板，即使是在外语能力有限的情况下，也能利用翻译工具，高效、高质地完成客服工作。

项目目标

通过本项目的学习，应达到的具体目标如下：

素质目标
◇有跨文化交际意识，尊重其他国家的风俗文化；
◇养成良好服务意识、爱岗敬业的工作态度；
◇在学习过程中形成自主探究和自主解决问题的能力。

知识目标
◇了解跨境电商客服岗位能力要求；
◇了解当前我国跨境电商主流市场买家的消费习惯和文化背景；
◇认识跨境电商出口主流平台客服常用的通信工具；
◇知道跨境电商客服的主要工作内容。

能力目标
◇能运用翻译软件翻译常用的沟通话术；
◇能自主建立常用的客服话术模板，能对常见的问题做简单、快速回复；
◇能根据买家的要求妥善处理售前、售中、售后问题，维护客户关系。

□ 项目思维导图

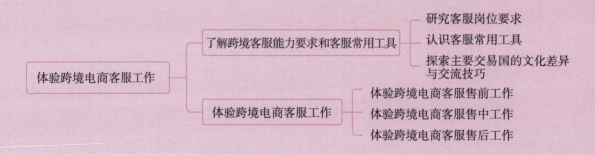

任务1 »»»»»»»
了解跨境客服能力要求和客服常用工具

任务情境

    初到跨境电商客服组，陈龙不知该从何入手才能将工作做好。对于新跨境电商客服而言，在真正开展工作之前，有一系列的准备工作要完成。就让我们跟随陈龙，在李经理的指导下，一起学习了解跨境客服能力要求和客服常用工具。

任务分解

    要了解跨境客服的岗位要求和常用工具，需依次完成以下 3 个工作任务：
①研究客服岗位要求；
②认识客服常用工具；
③探索主要交易国的文化差异与交流技巧。

活动 1   研究客服岗位要求

活动背景

    客户服务是跨境电商平台中最基础的部分之一，随着跨境电商的发展，各卖家间除了商品质量、价格、物流的较量，客户服务也渐渐成为赢得订单的法宝之一。与国内电商相同，跨境电商客服人员也分为 B2B 和 B2C 两种模式。不管是 B2B 还是 B2C，跨境电商客服人员都是直接面对买家的，买家有任何问题也都是找客服解决的。某些国家的买家对商品售前售后服务质量要求很高,跨境电商客服人员需要不断提升自身的专业素养以及专业知识才能把工作做得更好。

回 知识准备

1. 跨境电商客服岗位设置

跨境电商卖家想要提升服务质量,让买家有更好的消费体验,客服团队很重要。一般来说,客服工作可以分为售前、售中、售后,根据客服工作内容的不同,跨境电商平台的客服岗位设置主要为客服主管、销售客服(售前 + 售中)、售后客服、物流客服等(图 6.1.1)。各跨境电商卖家可以根据平台、店铺的实际情况进行个性化的岗位设置。

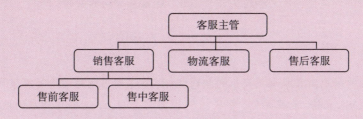

图 6.1.1　跨境电商平台的客服岗位设置

2. 跨境电商客服岗位职责

跨境电商客服主要负责处理客户问题,包括售前咨询、售后维护以及妥善处理各种争议、投诉等,不同的客服岗位有不同的岗位职责,见表 6.1.1。

表 6.1.1　跨境电商客服岗位职责

岗位设置	岗位职责
客服主管	①负责客服团队的团队建设; ②管理客服团队,定期组织对客服人员的培训,提高客服团队的销售转化率、工作技能、服务质量、问题解决能力和买家满意度; ③监督完善客服团队的服务指标,遵循公司制度完成月度绩效考核;针对服务质量存在的问题提出改进建议,并加以落实; ④做好客服岗位人才引进、人才培养
销售客服	①能够使用跨境电商平台相关聊天工具和后台工具进行日常工作; ②熟悉商品,了解公司的销售政策,负责进行有效的客户沟通; ③不断提高自己的销售能力(销售语言、销售技巧),处理好售前、售中问题
售后客服	①负责做好公司商品的售后服务工作; ②妥善处理因客户发起的售后问题,并做好简单记录,以便后期查询; ③统计并整理好退货并记录,及时跟进和处理退款; ④定期或不定期进行客户回访,维护客户关系
物流客服	①配合销售客服完成订单处理及后续物流跟进; ②负责商品的物流跟踪落实,处理客户日常物流查询和咨询,包括查询运输单号、查询货物中转情况等; ③对于投诉及时跟踪及分析、反馈,解决商品在运输过程中存在的各类物流问题

3.跨境电商客服岗位要求

在跨境电商平台中，客服是与客户直接沟通的，不仅代表自己，也代表着整个店铺甚至所在的地区。因此，对一个称职的跨境电商客服来说，要求掌握的专业能力和职业素养包括以下内容：

①熟悉平台规则和流程，熟悉店铺商品情况和经营策略；

②有一定的文字编辑能力和英语基础（或能熟练使用翻译工具进行翻译），熟悉电脑操作，熟练使用办公软件；

③较强的客户服务意识和良好的客户服务销售技能；

④能够独立工作，通过不断学习实践提高业务水平；

⑤具备良好的沟通协调能力和团队合作意识，能服从公司的安排。

活动实施

了解所在地区跨境电商客服相关岗位的招聘详情，加深对当地跨境电商客服岗位的认知。

步骤1：在 BOSS 直聘、前程无忧、智联招聘等招聘平台上，选择你所在的地区，搜索该地区跨境电商客服相关岗位，了解岗位职责、任职要求和薪酬待遇。

步骤2：完成表6.1.2的填写。

请思考，如果利用寒暑假到当地某跨境电商公司应聘客服兼职，你符合要求吗？如果不符合，需从哪方面提升呢？

表 6.1.2　跨境电商客服岗位招聘详情

招聘平台	岗位	岗位职责	任职要求	薪酬待遇

※ 活动评价 ※

任务实施完成后,由团队负责人(组长)任务评价表牵头开展自评及他评,完成任务评价表。

	成员	任务分工	组内表现 (五星互评)	自己的分工及表现 (自评)	组长评价 (他评)
任务 分工	成员 1		☆ ☆ ☆ ☆ ☆		
	成员 2		☆ ☆ ☆ ☆ ☆		
	成员 3		☆ ☆ ☆ ☆ ☆		
	成员 4		☆ ☆ ☆ ☆ ☆		
任务 总结					

活动 2　认识客服常用工具

活动背景

从本任务活动 1 中,我们了解到熟练运用相关通信工具进行有效沟通是跨境电商客服人员的重要岗位要求之一。各个跨境电商平台提供的通信工具不同,有即时通信工具,有站内信,也有订单留言。跨境客服人员面对的是来自世界各国的买家,不仅语言不同,而且时差也不同,因此建议综合运用翻译工具和通信工具进行沟通。下面一起了解跨境电商客服常用的各类工具。

回 知识准备

1. 速卖通的常用通信工具——IM 即时通信工具

"IM"(Instant Messaging),即买家会话,是速卖通在 PC 端的买卖家即时通信工具。在商家后台"消息中心—买家会话"板块,无须下载,如图 6.1.2 所示。

(1)买家会话进入方式

买家会话是速卖通平台上买卖双方进行沟通的主要工具,进入买家会话有 4 种方式:

方式 1:进入卖家后台首页——消息中心,可快速查看需要处理的买家消息,单击进入,即可跳转至买家聊天界面。

方式 2:单击卖家后台顶部导航栏右上角会话按钮,可以直接跳转进入聊天界面。

方式 3:在订单交易界面或订单详情页,单击"联系买家",也可跳转进入买家会话框。

方式 4:在速卖通卖家手机端,单击"消息"按钮,即可通过手机端和买家联系。

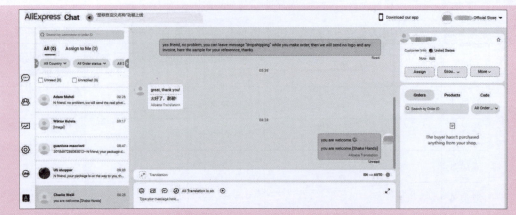

图 6.1.2　速卖通 IM 即时通信工具

（2）买家会话的特点

①聚集文本消息、图片、视频、通用卡片(商品、订单、优惠券)等核心功能。

②支持相关插件功能，插件系统自带。如推荐商品、发送订单、发送优惠券等。

③支持快捷短语功能，开启快捷短语联想输入功能的前提是店铺必须设置快捷回复短语，最多可以设置 50 个快捷回复短语。

④主账号支持自动任务功能，可进行自动催单及自动回复等设置。

⑤支持实时翻译功能，如图 6.1.3 所示。

"买家会话"
设置功能

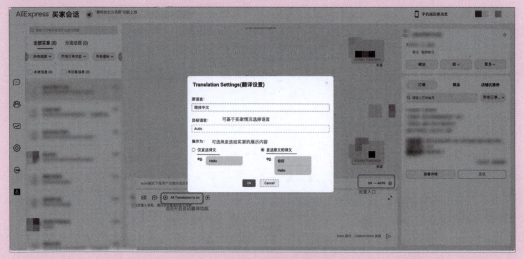

图 6.1.3　买家会话翻译设置

翻译规则如下：

消费者接收：自动翻译为消费者系统语言，如无此语言翻译能力，则翻译为英文。

消费者发送：消费者发送自己的语言。

商家端接收：自动翻译为商家系统语言，如无此语言翻译能力，则翻译为英文。

商家端发送：允许选择源语言和翻译的目标语言，翻译的能力参照表 6.1.3。

表 6.1.3　阿里语言翻译能力表

源头语言	目标语言	释义
英文（en）	中文（zh）	
	西语（es）	
	俄语（ru）	
	阿语（ar）	
	土语（tr）	
	法语（fr）	
	泰语（th）	
	越南语（vi）	
	印尼语（id）	
源头语言	目标语言	释义
中文（zh）	英文（en）	支持中文翻译到英文
西语（es）		
俄语（ru）		
阿语（ar）		
土语（tr）		
法语（fr）		
泰语（th）		
越南语（vi）		
印尼语（id）		

2. 亚马逊的常用通信工具

作为另一个常用的跨境电商平台——亚马逊，卖家可以借助买家消息服务，与亚马逊商城的买家进行沟通。卖家可以直接从卖家平台上的卖家账户或使用卖家的授权电子邮件账户联系买家，这些往来消息会显示在"买家消息"页面上，如图 6.1.4 所示。

图 6.1.4　亚马逊"买家消息"

3.电子邮箱

电子邮件是跨境电商客服和国外买家联系沟通方式之一,电子邮件发送的信函内容一般比较正式,可以随函附上价目表、目录单、贺卡等,对于开发新买家、维护老买家很有帮助。目前国际知名的大型邮箱服务商有:www.hotmail.com、www.gmail.com、www.tom.com 等。除此之外,阿里巴巴为广大中小外企量身打造了一款外贸邮箱"外贸邮",外贸邮面向阿里巴巴中国供应商会员,获得阿里通行证资格买家暂无外贸邮功能。以下是中国供应商会员开通外贸邮方式,如图 6.1.5 所示。

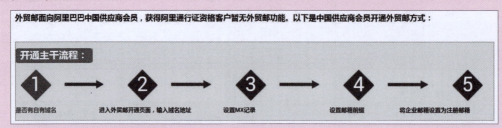

图 6.1.5 中国供应商会员开通外贸邮方式

4.国外常用即时通信工具

在跨境电商领域,聊天工具必不可少,但相对于其他客服渠道,在线聊天满意度最高,且转化率能提高10%~15%。国外常用即时通信工具见表 6.1.4。

表 6.1.4 国外常用即时通信工具

工具名称	主要功能	运行平台	主要使用国家
Skype	具备视频聊天、多人语音会议、多人聊天、传送文件、文字聊天、发送视频图片等功能	可在电脑、手机、电视、PSV 等多种终端上使用	全球通用
WhatsApp	具备发送和接收信息、图片、音频文件和视频信息等功能	平板电脑、智能手机	全球通用
Viber	不需要注册登录,直接利用电话号码就可以使用在线语音、视频、文字通信	智能手机	东欧各国、俄罗斯、中东国家等
Facebook Messenger	Facebook 旗下即时聊天工具,支持用户聊天、接收通知、发送视频并可以阅读新鲜事物,可直接通过 Messenger 与 Instagram 好友交流沟通	电脑桌面聊天客户端	欧美国家

工具名称	主要功能	运行平台	主要使用国家
Wechat	国际版微信，功能与国内微信一致	计算机、智能手机	亚洲国家
Telegram	开源的，不以营利为目的，主打无审查的隐私安全和更纯粹的通信，用户可以在世界范围内匿名发送消息、视频流、音频文件和其他内容	智能手机	俄罗斯、伊朗、意大利、西班牙

♀♀ 想一想

除了以上介绍的通信工具，国外常用的通信工具还有哪些？

即时通信工具使用注意事项

即时通信工具一般都有网络语音对话的功能，但是卖家应该避免与国外买家进行语音对话，尽量以书写方式呈现为主。用书写的形式沟通，不仅能让买卖双方的信息交流更加清晰、准确，也能够留下交流的证据，利于后期纠纷的处理。

练一练

下载 Skype（国内版），体验 Skype 即时通信软件。

5. 翻译工具

跨境客服常用的翻译工具

当前网络上有很多翻译工具可选择，给跨境客服工作带来极大的便利，不同的翻译工具根据各自的词库和后台分析特点，翻译结果也不相同，以下推荐几款较常用的翻译工具，以"你好"为例，体验各个翻译工具的翻译情况。

（1）有道词典

有道词典是全球首款基于搜索引擎技术的全能免费语言翻译软件，有 PC 端和手机端。有道词典通过独创的网络释义功能，轻松囊括互联网上的流行词汇与海量例句，词库大而全，查词快且准。有道词典集成中、英、日、韩、法多语种专业词典，切换语言环境，即可快速翻译所需内容，网页版有道翻译支持中、英、日、韩、法、西、俄 7 种语言互译。

（2）金山词霸

金山词霸是一款经典、权威、免费的词典软件，有 PC 端和手机端，完整收录柯林斯高阶英汉词典，整合 500 多万条双语及权威例句，141 本专业版权词典，并与 CRI 合力打造 32 万纯正真人语音。金山词霸集合了 17 种情景，上千组对话，通过搜索快速匹配最合适的情景表达，还可以用它学习英语。

（3）必应翻译

必应翻译是 Bing 服务品牌的一部分，采用了统计机器翻译技术。借助微软强大的语料库资源，翻译的质量较高，还提供翻译对比和微软商务翻译工具小应用。

（4）百度翻译

百度翻译是百度发布的在线翻译服务，依托互联网数据资源和自然语言处理技术优势，致力于帮助用户跨越语言鸿沟，获取信息和服务。以"你好"为例，百度翻译结果如图6.1.6所示。

图 6.1.6 "你好"百度翻译结果

6. 翻译工具的使用技巧

各类翻译工具给跨境电商客服的工作带来了便利，基本解决了语言不通的问题，但机器翻译存在一定的局限性和语法误差，翻译结果容易出现偏差，在使用翻译工具时需注意使用技巧，才不会闹"笑话"。

（1）避免整段文字翻译。翻译时为了方便，学生通常都会将整段文字复制粘贴到翻译工具里进行翻译，但这种翻译效果有时不理想，容易出现语法和用词不准确的情况。以有道翻译工具翻译陈龙公司的公司简介为例，翻译结果对比见表 6.1.5。

尚美服装有限公司简介:

尚美服装有限公司是一家主营女装的传统出口型外贸企业，现有员工100人左右，有自己独立的女装品牌，在国内有一定的知名度，也曾为国外2、3线品牌做过贴牌生产。生产的女装商品不仅远销北美、欧洲，也在国内淘宝上有一定的销量。

表 6.1.5　有道翻译工具翻译公司简介整段翻译和逐句翻译结果对比

有道翻译整段翻译结果	有道翻译逐句翻译结果
尚美服装有限公司是一家主营女装的传统出口型外贸企业现有员工 100 人左右，有自己独立的女装品牌，在国内有一定的知名度，也曾为国外 2~3 线品牌做过贴牌生产生产的女装产品不仅远销北美欧洲，也在国内淘宝天猫上有一定的销量。 Still the beautiful clothing co.,LTD.Is a main women's traditional export-oriented foreign trade enterprise existing staff 100 people,have their own independent brand of women's clothing, have certain popularity in the domestic, have 2-3 line for foreign brands have done OEM production of women's products are exported to Europe, North America not only on domestic taobao Tmall also has the certain sales.	尚美服装有限公司是一家主营女装的传统出口型外贸企业。 Shangmei garment co.，LTD is a traditional export-oriented foreign trade enterprise specializing in women's wear. 首先"尚美服装公司"由左侧的"Still the beauty clothing co.，LTD"更正为"Shangmei garment co.，LTD"，这样的翻译方法更符合实际。 现有员工 100 人左右，有自己独立的女装品牌，在国内有一定的知名度，也曾为国外 2 线和 3 线品牌做过贴牌生产。 Currently, we have about 100 employees, and we have our own independent women's clothing brand, which enjoys a certain popularity in China. We have also done OEM production for foreign line 2 and line 3 brands.
这样的翻译结果不太理想，由于没有断句，翻译出的语句不通顺，多处用词不合适，影响阅读者理解。英语基础不太好的客服人员可能没办法修改这段译文。如果尝试逐句翻译（如右侧所示），翻译效果会好很多。	左侧将员工 100 人直译为"staff 100 people"，断句后翻译为 100 employees，将国内"domestic"翻译为"China"，在用词上更正式，更利于国外买家认知。 有道翻译 生产的女装产品不仅远销北美国家和欧洲国家，也在国内淘宝和天猫上有一定的销量。 The women's wear products produced are not only exported to North America and European countries. but also have certain sales volume on domestic taobao and Tmall. 逐句翻译之后，再按顺序整合成一段文字，即可将英文版公司简介放在平台店铺介绍上。

（2）用不同的翻译工具反复检验。一个中文词语可以用多个英语单词表示，同理，在不同的语境下，一个英文单词也有多个中文意思。在不确定该翻译结果是否正确时，可尝试在不同的翻译软件上翻译，反复对比检验，以确保翻译的准确性；也可尝试反向翻译，核对翻译的准确度。

（3）选择目标买家的习惯用语。即使同一种语言，使用的国家不同，语言也存在着区别，这也是在翻译时要注意的地方。例如，英语有英式英语和美式英语之分，它们从拼写到发音到具体用词都有区别，例如"手机"这个词在有道翻译工具中的翻译结果是"mobile phone"和"cell phone"，这两个词的区别在于英式英语中用 mobile phone 较多，美式英语中用 cell phone 较多。在翻译的过程中，可以根据目标买家的习惯性用语，确定是用"mobile phone"还是用"cell phone"。

（4）小语种咨询。某些买家习惯用当地语言发送问题咨询，当遇到这种情况时，客服可借助翻译软件直接将其翻译成中文；或者以英文为中介，借助翻译软件，将小语种翻译成英文，再将英文翻译成中文，因为英语是世界语言，用其作为中介语言，翻译结果准确度更高。回复时，需翻译成目标语再进行回复。

活动实施

借助翻译工具，将以下一段话翻译成中文：

ALIBABA GROUP'S MISSION IS TO MAKE IT EASY TO DO BUSINESS ANYWHERE.

Our businesses are comprised of core commerce, cloud computing, digital media and entertainment, and innovation initiatives. An ecosystem has developed around our platforms and businesses that consists of consumers, merchants, brands, retailers, other businesses, third-party service providers and strategic alliance partners.

步骤 1：分组实训，分别用 4 个不同的翻译软件进行翻译，将结果填入表 6.1.6。

表 6.1.6　各翻译软件翻译结果

翻译软件	翻译结果	软件评价

步骤 2：各个小组成员完成任务后，小组间核对翻译结果，对不同软件的中文用词、语法、结构、通顺等方面进行评价，形成一份小组书面表格总结，并在课堂上进行汇报。

※ 活动评价 ※

任务实施完成后，由团队负责人（组长）牵头开展自评及他评，完成任务评价表。

任务评价表

	成员	任务分工	组内表现 （五星互评）	自己的分工及表现 （自评）	组长评价 （他评）
任务分工	成员 1		☆☆☆☆☆		
	成员 2		☆☆☆☆☆		
	成员 3		☆☆☆☆☆		
	成员 4		☆☆☆☆☆		
任务总结					

活动 3　探索主要交易国的文化差异与交流技巧

活动背景

俗话说"一种米养百种人"，由于政治历史、文化背景、生活环境的不同，不同国家的人有着不同的消费习惯和生活作风。跨境电商新手在开始客服工作之前，需要对我国跨境主流市场有一定的了解，才可以有的放矢地开展客服工作，提高工作效率。

回 知识准备

1. 主要交易国的文化差异

海关总署数据显示，2022 年我国跨境电商出口货物主要去往美国、英国、马来西亚、法国、德国、西班牙及俄罗斯等，境内平台对欧洲出口减少，对《区域全面经济伙伴关系协定》（RCEP）成员国出口增加。

自 2020 年以来，各电商乘势构建起了完善的电商供应体系，尤其是在拉美和东欧等发展中地区，电商的发展速度已经领跑全球。随着欧美地区市场的逐步饱和以及政策性合规风险的加剧，小语种地区将成为未来中国跨境电商发展的新增长点。表 6.1.7 为主要出口国家的消费习惯、风土人情和禁忌。

表 6.1.7　我国主要出口国家的消费习惯、风土人情和禁忌

国家	消费习惯	风土人情	禁忌
美国	（1）全球最大的电子商务市场之一； （2）在线买家数量众多，在线消费能力极强，市场容量非常大； （3）极少储蓄，喜欢超前消费，是全球最大的消费品市场； （4）对商品包装要求比较严格；喜欢通过货比三家找性价比最高的商品； （5）最受美国电商消费者欢迎的商品是服装（47%）、书籍（25%）、医疗保健商品（24%）	（1）分为四个时区，每时区相差1小时，东部时间比北京时间晚13个小时； （2）民族文化多样，其中包括基督教、天主教、犹太教等； （3）重要节日主要有独立日、万圣节、感恩节、圣诞节、复活节等； （4）电商的最大节日集中在下半年，如圣诞节、网购星期一、黑色星期五等	（1）不要把非洲裔美国人称作"Negro"，部分场合可用"Black"一词； （2）数字忌讳：13
英国	（1）比较关注商品细节，追求商品的质量和实用； （2）有80%以上的英国买家都在网络上有过多次购物行为； （3）电视机与中央供暖、汽车、咖啡、高速宽带都是生活必需品； （4）是忠诚度较高、复购频率较高的买家	（1）非常具有绅士风度，温文尔雅； （2）区域意识重，谈到"英国人"时，不能用"English"代表"英国的"，如果买家是"苏格兰人"或"威尔士人"，要用"British"； （3）特别看重礼仪，在圣诞节、新年和生日时，向英国买家送上一份小礼品能加强双方的合作关系； （4）注重隐私； （5）偏爱蓝色、红色和白色	（1）忌谈隐私； （2）忌百合花和菊花； （3）数字忌讳：13、666
马来西亚	（1）超过一半的马来西亚网购者进行跨境消费，而中国为其最受欢迎的海淘目的地； （2）约95%的当地居民将价格和促销活动视为网购的主要原因。促销的价格优惠、商品多样化、免费送货、零佣金等激励措施往往会吸引买家； （3）主要的在线购物类别包括旅游（占电子商务总价值的39%）、消费电子商品（17.3%）以及家具和家居用品（13%）	（1）马来西亚是一个多民族混居的国家，华人占总人口的23%，基于相通的文化和语言，中国卖家进入马来西亚市场会更得心应手； （2）多宗教并存，国教是伊斯兰教，其他宗教还有佛教、印度教、基督教、原始宗教； （3）全年温度基本平均在31℃，早晚的温差大	（1）数字忌讳：0、4、13； （2）忌用黄色，一般不单独使用黑色； （3）忌讳使用猪皮革制品，忌用漆筷
法国	（1）不太刻意追求名牌； （2）喜欢到专卖店买减价的名牌衣服； （3）热衷网络购物； （4）重视信用，不仅重视商家的信誉度和商业道德，自身也是信用可靠的； （5）注重商品的质量、认证、环保等，会严格遵守平台规则和合同约定	（1）爱好社交、善于交际，浪漫； （2）拥有极强的民族自尊心和民族自豪感，与法国人交谈时，如能讲几句法语，对方会热情有加； （3）喜爱蓝色、白色与红色； （4）对礼物十分看重、有讲究，宜选具有艺术品位和纪念意义的物品，不宜选用刀、剑、剪、餐具或是带有明显广告标志的物品	（1）颜色忌讳：黄色、墨绿色； （2）数字忌讳：13； （3）日期忌讳：星期五

国家	消费习惯	风土人情	禁忌
德国	（1）德国消费者喜欢在购物之前进行全面的研究，包括评价、价格、口碑； （2）德国消费者希望自己购买的商品，是在同类商品中最好的，所以如果商家在创建营销活动时，注重这一点是非常有必要的； （3）一旦德国消费者信任一个品牌，他们再次购买相同商品的可能性就会增加一倍	（1）非常注重规则和纪律，凡事都有明文规定； （2）重视服装穿戴，工作时有工作服，下班回家后有家居服； （3）送女主人鲜花必须单数，5朵或7朵即可； （4）对礼品的包装纸很讲究，忌用白色、黑色或咖啡色的包装纸	（1）数字忌讳：13； （2）话题规避：年龄、职业、收入、宗教信仰
西班牙	（1）Ipsos的一项调查研究显示，有76%的西班牙消费者在线购物的频率比疫情前更高； （2）西班牙人网购热衷鞋服、家电和书籍、汽车配件和食物，对于西班牙市场，价格低、赠品丰富、无忧退换、安全支付，3～5天快速发货是可靠的敲门砖； （3）注重商品的评价和品牌信誉度，退货率高	（1）西班牙人喜欢谈体育和旅行，避免谈论宗教、家庭和工作；不要说有关斗牛的坏话；注重个人隐私权； （2）喜欢黑色（表示庄严）、红色（表示吉祥热烈）、黄色（表示高贵），喜欢花卉、雄鹰与狮子	（1）数字忌讳：13 （2）忌讳：大丽花、菊花
俄罗斯	（1）对日常消费品的进口需求很大；包括服饰、鞋子、电子商品等； （2）要求商品性价比高； （3）成年女性喜欢欧洲的性感风； （4）俄罗斯男人比较高大，而且也有很多肥胖人群，对加大码的衣服有特殊偏好； （5）不仅喜欢低价商品，还要求赠品	（1）季节温差较大，营销的季节性强； （2）没有圣诞节，新年是1月1日； （3）送冬节在每年的2月底3月初，又叫谢肉节，禁止吃肉、娱乐和购物； （4）常用7这个数字，认为7象征幸福和成功	数字忌讳：13

2.跨文化商务沟通技巧

（1）培养跨境电商客服人员的跨文化意识

在跨文化沟通中，沟通双方的思维方式不同，沟通会变得复杂。因此，跨境电商客服要有跨文化意识，了解目标市场的风俗习惯和语言习惯，积极调整沟通方式，促进双方沟通的顺利进行。

（2）理解并尊重跨文化差异

世界文化是多元发展的，在跨境电商沟通中，应对不同国家的文化持包容、理解的心态，尊重买家的思维，才能化解沟通中可能产生的冲突或误会。例如，新兴市场印度的买家非常注重文化，他们对价格很敏感，如果他们觉得价格太高不想谈，可以从文化方面入手，先通过文化跟他们套近乎，表示对他们文化的喜欢，印度买家感觉被尊重了，防御心理降低，价格自然比较好谈。

（3）注意沟通时间

图 6.1.7　北京、纽约、伦敦时差

　　由于时差（图 6.1.7），在卖家日常工作（北京时间 8:00—17:00 点）时间，部分国外买家是离线的。当然，即使国外买家离线，跨境电商客服也要通过留言联系买家。但是最好克服时差，尽量选择买家在线的时间联系，沟通效果更好。

　　（4）主动联系

　　在交易过程中，跨境电商客服要主动联系买家。例如，提醒买家支付、提醒已发货、提醒买家收货等。这些沟通既能让买家及时掌握交易动向，也能让买家感觉受到重视，能促进双方的信任与合作。跨境电商客服要经常关注即时通信工具和在线留言信息，及时回复买家的咨询。否则，买家很容易失去等待的耐心，卖家也很可能错失订单。

活动实施

　　了解我国主流跨境电商往来国家与我国的时差。

　　步骤 1：小组合作，查询以北京时间 10 点正常上班时间为例，其他国家分别是几点？将查询结果填入表 6.1.8。

表 6.1.8　各国家时间

中国	印度尼西亚	俄罗斯	法国	英国	马来西亚	哈萨克斯坦	印度
上午 10 点							

　　步骤 2：完成表 6.1.8 后讨论：如果英国买家在当地时间上午 10:30 向你发来订单咨询，为了不流失客户，你需要在中国哪个时间段回复咨询最佳？

※ 活动评价 ※

任务实施完成后,由团队负责人(组长)牵头开展自评及他评,完成任务评价表。

任务评价表

	成员	任务分工	组内表现 (五星互评)	自己的分工及表现 (自评)	组长评价 (他评)
任务 分工	成员 1		☆ ☆ ☆ ☆ ☆		
	成员 2		☆ ☆ ☆ ☆ ☆		
	成员 3		☆ ☆ ☆ ☆ ☆		
	成员 4		☆ ☆ ☆ ☆ ☆		
任务 总结					

任务2 》》》》》》》
体验跨境电商客服工作

任务情境

尚美服装公司的跨境电商平台刚起步,客服的分工还不明确,陈龙要和团队一起负责客服的所有工作,包括售前解答咨询、售中跟踪订单和售后沟通服务。经过李经理的悉心指导,陈龙已初步掌握了翻译软件的使用,了解了主要目标买家的沟通特点,接下来就要开始正式上岗完成跨境电商客服工作了。

任务分解

为做好跨境电商 B2C 平台店铺客服的工作,需依次完成以下三个工作任务:
①跨境电商客服售前工作;
②跨境电商客服售中工作;
③跨境电商客服售后工作。

活动1 体验跨境电商客服售前工作

活动背景

产品上架后,陈龙陆续在后台接收到不少买家的咨询,包括尺码、支付和物流等问题。陈龙的英语基础不是很好,因为回复不及时流失了一些有意向的客户。公司李经理建议陈龙建立常用的回复模板,以便快速回复买家,尽快响应买家的咨询。

▣ 知识准备

1. 了解售前客服工作内容

售前客服工作是指买家对商品感兴趣开始咨询到付款这个阶段的客服工作,是体现商家服务质量的重要环节。在跨境平台中,一般售前的工作内容就是解答买家咨询有关折扣、数量、库存、用途、运费、运输等方面的问题,促成尽快下单。回复客户咨询的工具一般有:

(1)站内信

站内信一般是一封完整的信函,回复也要完整,包括称呼、正文、结尾,正文内容要全面、专业。

(2)即时通信工具

即时通信工具内容一般比较精简,采用"买家提问—卖家答复"的形式,回复时讲重点,切忌词不达意。如果客服暂时离开电脑无法第一时间回复,可设置自动回复,如:

> Dear customer, so sorry to have kept you waiting. I'll come back to you as soon as possible.
>
> 译文:亲爱的顾客,抱歉让您久等了,我马上回来。

2. 建立售前咨询回复模板

(1)打招呼

当顾客开启咨询时,客服首先要跟顾客打招呼,表示友好。可以将打招呼设为即时通信工具的自动回复模板,如:

> Hello, my dear friend. Thank you for your visiting. Please feel free to buy anything! Thanks again.
>
> 译文:您好,欢迎光临。

(2)介绍店铺

当客服离开电脑,或者不在上班时间时,无法回复顾客的问题,可设置自动回复,如:

Dear customers, our store specializes in women's clothing, you can find the products you need from our store. If there are not what you need, you can tell us, we can make products according to the samples you supply so as to meet your requirements.

译文：我们店铺主营女装，您可以从我的商店找到你需要的商品。如果没有，请告诉我们，我们可以提供来样生产，以满足您的需求。

（3）介绍商品

跨境电商客服工作人员要深入了解自己的商品，详细地为买家提供全面的商品介绍，让买家更加了解这个商品是否正是自己需要的，避免买家收到商品时跟想象的不同而引发纠纷。

①关于尺码。对于销售服装的跨境电商店铺来说，由于世界各地买家在体型上有所差异，尺码标准也不同，跨境电商客服人员需要解答关于服装尺码、板型等问题。如：

All products are manual measurement. 1–3cm size difference is in normal range.

译文：所有商品均手工测量，1~3 厘米误差实属正常。

问题：Hello, seller. I wear US size 6. Could you give me some advice on which size I should buy?

译文：卖家您好，我穿欧美码 6 码，请问我需要买哪个码？

答案：Hello, dear customer. Size M of this product will fit you. If you have any other questions, please feel free to contact us, thanks.

译文：买家您好，M 码会适合您。有什么需要帮忙的请随时联系，谢谢。

②关于色差。

All pictures are real, color will show little difference on phone/computer/iPad. Please kindly allow normal color difference.

译文：所有图片均为实拍，显示器不同存在一定色差实属正常。

③关于颜色。

问题：Do you have any other colors in this style?

译文：这个款式还有其他颜色吗？

答案：It's a pity that we have only one color. You can have a look at other similar styles.

译文：很遗憾我们只有一种颜色，您可以看看其他类似款式。

④关于折扣。有些顾客买东西时,喜欢讨价或者索要折扣,针对这种情况,可根据实际促销手段回复。

> 问题:I'm interested in your Ladies' Sport Wear. If I buy 3 pieces, can you give me a discount?
>
> 译文:我对你们的女士运动服感兴趣,如果我买 3 件,有折扣吗?
>
> 回答:Dear customer, I'm sorry but the price almost leaves nothing to us. If you buy 5 pieces, we can give you a 3% discount, thank you.
>
> 译文:亲爱的顾客,很抱歉此报价我们基本没有利润。但如果您一次购买 5 件,我们可以给您一个 3% 的折扣。

Tips:针对不同国家的买家,折扣的注意点不同:

欧洲、美国:对质量要求比较严格,可以承受较高的价格,讨厌讨价还价。

印度、巴基斯坦:对质量基本无要求,只要价格优惠,就可能做成生意,基本每次联系都要求降价,可以承受的价格低。

中东、拉美国家:对质量有一定要求,价格也比较挑剔,但可以承受比印度、巴基斯坦略高的价格。

⑤鼓励买家提高订单金额和订单数量。

> To popularize the products in our store, if the value of goods you buy count to a certain amount, we will give you a special discount.
>
> 译文:为了推广我们商店的商品,如果您购买的商品价值达到一定的数量,我们将给您一个特别的折扣。

⑥推广新商品。

> Hi friend,
>
> Right now, New Year is coming. Here is our New Year's gift link, please click to check them. If you want to buy more than 15 pieces, we can give you a wholesale price.
>
> 译文:您好!在新年来临之际,向您推荐我们新年的礼品,请点击了解。15 个起能享受批发价格。

⑦支付工具。

> 问题:I don't have a PayPal, can I use check?
>
> 译文:我没有 PayPal,可以用支票吗?

回答：Dear customer, we accept credit card, Visa, MasterCard, or Western Union. Thanks.

译文：亲爱的顾客，我们接受信用卡、Visa 卡、万事达卡或西联汇款。

⑧关于运费。

·卖家包邮

Package delivery by AliExpress Worry Free Logistics, free shipping.

译文：包裹由速卖通物流无忧配送，免运费。

·买家要求免运费

Dear customer,

We are very sorry that free shipping is not available for orders sent to your country. But we can give you a 2% discount of the shipping cost.

译文：尊敬的顾客，非常抱歉，到你国家无法免运费，但是我们可以在运费上给你 2% 的折扣。

·订单超重导致无法使用小包免邮

Dear customer,

I am sorry that free shipping for your order is unavailable. Free Shipping is only for packages weighing less than 2 kg, which can be shipped by China Post Air Mail. However, the item you would like to purchase weighs more than 2 kg. You can either choose another express carrier, such as UPS or DHL (which will include shipping fees, but which are also much faster). Or place the orders separately, making sure each order weighs less than 2 kg, to take advantage of free shipping. If you have any further questions, please feel free to contact me.

译文：尊敬的顾客，

很抱歉您的订单无法免运费。免运费邮政小包仅适用于体重小于 2 kg 的包裹。但是，您要购买的物品重量超过 2 kg。您可以选择其他快递公司，例如 UPS 或 DHL（需支付运费，但速度也快很多）。或者分开下单，确保每个订单重量不超过 2 kg，享受邮政小包免运费。如果您有任何其他问题，请随时与我联系。

⑨关于关税。在跨境电商中，出口关税由卖家支付，进口关税由买家负责。

Sample 1：回复买家关于进口税的咨询。

Dear customer,

I understand that you are worried about any possible extra cost for this item. Based on past experience, import taxes falls into two situations.

First, in most countries, it did not involve any extra expense on the buyer side for similar small or low-cost items.

Second, in some individual cases, buyers might need to pay some import taxes or customs charges even when their purchase is small. As to specific rates, please consult your local customs office.

I appreciate for your understanding!

译文：尊敬的顾客，

我知道您担心这个商品会产生额外的费用。根据以往的经验，进口税分为两种情况：

首先，在大多数国家，对于类似的小型或低价商品，买方方面不会产生任何额外费用；

其次，在某些个别情况下，即使购买量很小，买家也可能需要缴纳一些进口税或海关费。相关具体费率，请咨询当地海关。

感谢您的理解！

Sample 2：向买家说明进口税的由买方负责

Dear customer,

Please note that import taxes or any additional fee is not included in product price. Buyer is responsible for clearing custom and paying for the fee if it is charged by the buyer's country. We can provide product invoice or any other documents and information that buyers need to clear the custom, so please don't hesitate to contact us.

译文：尊敬的顾客，

注意，进口税或任何附加费用不包括在商品价格中。买方负责清关并支付由买方所在国收取的费用。我们可以提供商品发票或任何其他文件和资料协助买家清关，有需要请随时联系我们。

⑩关于发货时间

·说明发货时间

All the products will be tested, packed and shipped in 2-4 working days, after the payment is confirmed.

译文：付款确认后，所有商品将在2～4个工作日内进行测试、包装和发货。

·说明运输时间

International shipping usually takes 10−30 days. Many facts such as bad weather, custom or sales hot season etc., can cause delay.

译文：国际航运通常需要 10 ~ 30 天。许多情况，如恶劣天气、海关或销售旺季等，可能造成延误。

If your package is taking too long to be delivered, please contact us and we will help you to check what happened with your package.

译文：如果您的包裹运送时间过长，请与我们联系，我们将帮助您查看包裹的物流情况。

活动实施

帮助陈龙设置常见问题回复模板。

步骤 1：请在尚美服装有限公司主营的女装类目中选择一个子类目（详情可查询速卖通平台女装类目）；

步骤 2：在跨境电商 B2C 平台（如速卖通、亚马逊）中找到对应商品的通用产品详情描述、Q&A、买家评价等方面，收集客户常问的问题；

步骤 3：列出常见问题，帮助陈龙制作该类别的 Q&A（问答）模板。

※ 活动评价 ※

任务实施完成后，由团队负责人（组长）牵头开展自评及他评，完成任务评价表。

任务评价表

	成员	任务分工	组内表现 （五星互评）	自己的分工及表现 （自评）	组长评价 （他评）
任务 分工	成员 1		☆☆☆☆☆		
	成员 2		☆☆☆☆☆		
	成员 3		☆☆☆☆☆		
	成员 4		☆☆☆☆☆		
任务 总结					

活动2 体验跨境电商客服售中工作

活动背景

经过李经理的悉心指导，陈龙已初步掌握了售前准备工作的内容，现在要开始学习售中客服工作了。售中客服是指从买家下单后到签收货物这个阶段的客服工作，也是体现商家服务质量的重要环节。

□ 知识准备

1. 处理买家订单

以速卖通为例处理买家订单，如图6.2.1速卖通订单处理界面所示，大致分为"今日新订单""等待买家付款的订单""发货未完成的订单""纠纷中的订单"等几种常见的情况，其中"今日新订单""等待买家付款的订单""发货未完成的订单"是属于客服售中工作，而"有纠纷的订单"大多数属于售后工作。

图6.2.1 速卖通订单处理界面

（1）等待买家付款的订单

①买家已下单却还没付款，提醒买家尽快确认订单。

Sample 1：付款送小礼物。

Dear customer, thank you for your order, if you confirm the order as soon as possible, I will send some gifts to you.

译文：感谢您的惠顾，如果您能尽快确认订单，我将送您一些礼物。

Sample 2: 说明未付款订单关闭时间。

Dear customer, payments must be made within 7 days after placing the order, otherwise the order will be invalid or canceled by system. Thank you for your cooperation.

译文：尊敬的顾客，下单后请在7天内付款，否则订单将被无效或被系统取消，谢谢您的合作。

Sample 3: 如果是促销期间的订单，则可说明促销时间。

Dear customer,

The promotion time is limited, please make the payment as soon as possible. I will also send you an additional gift to show our appreciation.

译文：尊敬的顾客，由于促销时间有限，请尽快付款，为表诚意，会有赠品。

②需要修改价格的订单，修改价格后通知买方付款。

Dear customer, we've reset the price for you, we will process the order and ship it out ASAP after the payment is confirmed.

译文：我们已为您重置价格，当付款完成，我方将立即备货发货。

③合并支付及修改价格的操作。

Dear customer,

If you would like to order many items, please first click "add to cart", then "buy now", and check your address and order details carefully before clicking "submit". After that, please inform me, and I will cut down the price to US$××. You can refresh the page to continue your payment. Thank you. If you have any further questions, please feel free to contact me.

译文：尊敬的顾客，

如果您想订购多个商品，请先点击"添加购物车"，然后点击"立即购买"，并在点击"提交"之前仔细检查您的地址和订单细节。之后通知我，我修改价格到××美元后您再刷新页面继续付款。谢谢。有什么需要帮忙的请随时联系。

（2）等待卖家操作的订单

卖家后台收到买家付款的订单，一般做以下操作：

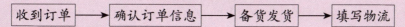

收到订单 → 确认订单信息 → 备货发货 → 填写物流

①确认订单信息。买方付款之后，卖方将订单信息发送给买方进行二次确认，以免买方拍错商品或写错收货地址。

Dear customer,

　　Thank you for your purchase, please confirm the order details:

　　Name of product, specifications, contact person (Full name), address, post code and telephone.

　　We will prepare the package with the information provided in the order.

　　Buyers are responsible for undelivered packages if any of the information provided was wrong.

　　译文：尊敬的买家，

　　感谢您的购买，请确认订单详情：

　　商品名称、规格、联络人（全名）、地址、邮编和电话。

　　我们将按照订单上提供的信息准备包裹。如果所提供的信息有误，买方将对无法交付的包裹负责。

②已发货并告知买家。

Dear customer,

　　Thank you for your purchase.

　　We have shipped out your order (order ID: ×××) on Feb. 15th by EMS. The tracking number is ×××. It will take 5–10 workdays to reach your destination, please check the tracking information for updated information. Thank you for your patience!

　　If you have any further questions, please feel free to contact me.

　　译文：尊敬的买家，感谢惠顾。您的订单我们已于2月15日通过EMS发出（订单ID：×××）跟踪号码是×××。 到达目的地需要5~10个工作日，请查看跟踪信息以追踪物流。

　　感谢您的耐心等待！如果您有任何其他问题，请随时与我联系。

（3）特殊情况

①商品断货。客服要及时跟进库存情况，更新商品信息，如果买家下单的商品刚好断货，要及时说明情况，并推荐替代商品，以得到买家的理解。

Dear customer,

　　We are very sorry that this item is out of stock at the moment. We will contact the factory to see when it will be available again and inform you at the same time.

Also, we would like to recommend some other items of similar styles. We hope you like them as well. You can click on the following link to check them out. Please let me know for any further questions. Thanks.

译文：尊敬的买家，

非常抱歉，您订购的商品目前缺货，我会与工厂联系什么时候补货并告知你。以下链接是类似款式，希望您喜欢。您可以看看，有什么需要帮忙的请随时联系。谢谢！

②买方要取消订单

Sample 1：货物还没发出，订单可以取消。

Dear customer, Orders can only be canceled before the package is handle to shipping company. For canceled orders and refunds, AliExpress usually takes 1–2 weeks to refund to the buyer.

译文：尊敬的买家，只有在发货前才能取消订单。 取消订单的退款，速卖通常需要1~2周的时间才能退给买家。

Sample 2：货物已经发出，订单无法取消。

Dear customer, I'm sorry that the product has been sent, the order cannot be canceled anymore.

译文：尊敬的顾客，很抱歉货物已经装运，订单无法取消。

练一练

模拟接单：自选一款商品，利用微信或 Skype 等即时通信工具，模拟跨境电商订单咨询过程。

步骤 1：分组实训，两人一小组，在跨境电商 B2C 平台中自选一款商品；

步骤 2：两位同学互加微信或 Skype，在线上模拟商品下单咨询过程，不可用中文表达；

步骤 3：上交聊天记录截图，教师点评。

2. 货运过程与买家的沟通

跨境物流是跨境电商中一个重要环节，包裹时效也是买家最关心、最敏感的问题，也是客服售中工作的一项内容。一旦买家问到包裹跟踪情况，客服工作人员需明白如何有效回复，解决客户焦虑、安抚客户情绪，尽量帮助顾客解决物流跟踪问题。

Tips：包裹物流跟踪一般常见的状态有以下几种：

包裹查无信息"Not found"（当包裹还未上网,官网未更新）

包裹正在运输中"Transit"（当包裹还在运输中时）

包裹到达待取"Pick Up"（当包裹显示已经到达目的地国家）

包裹投递成功"Delivered"（当包裹显示投妥,而收件人声称未收到时）

包裹运输过久"Expired"（大部分为时效延误/目的地国家不能查到投妥/官网不更新状态）

包裹可能异常"Al**"（大部分为退件/海关扣留/损坏/丢失等问题）

当查过单号以后,客服人员可根据查询到的包裹状态,及时回复买家:

（1）物流信息未及时更新

Dear customer,

We are sorry that now it's the busiest time of the shopping season and the logistics companies are running at maximum capacity. Your delivery information has not update yet, but don't worry about it. We will let you know as the update is available. Thank you for your patience.

译文:尊敬的买家,很抱歉,现在是购物旺季,物流公司也在满负荷运转。您的物流信息还没有更新,但是不用担心,当更新时,我们将通知您,请耐心等待。

（2）物流遇到问题

Dear customer,

We would like to confirm that we sent the package on 22 Jan, 2018. However, we were informed that package did not arrive due to shipping problems with the delivery company. We have re-sent your order by EMS; the new tracking number is: ××××××. It usually takes 7−10 days to arrive to your destination. We are very sorry for the inconvenience. Thank you for your patience. If you have any further questions, please feel free to contact me.

译文:尊敬的顾客,您的订单我方在2018年1月22日已发货。但是由于运输公司的问题,包裹没有到达。我们已通过EMS重新发送您的订单;新的追踪号码是:××××××。 到达你方通常需要7~10天。给您带来的不便,我们深表歉意。感谢您的耐心等待。如果您有任何其他问题,请随时与我联系。

（3）某些国家海关严格检查造成货物延误

Dear friends,

　　We have been informed by the logistics company that the customs of your country now carry out regular and strict check on a large number of parcels. In order to ensure the safe delivery of the goods to your place, we suggest a delay of several days. We hope to get your consent. Please let us know as soon as possible. Thanks.

　　译文：亲爱的朋友，我们接到物流公司的通知，现在贵国的海关对大量邮包进行定期的严格检查，为了使货物安全送达贵处，我们建议延迟几天发货，希望征得您的同意。希望尽快得到您的回复。

（4）货物已经在买方国家海关，有信心很快就到了，再让对方等等

Dear friend,

　　Sorry for the inconvenience. We're so sorry for the long-time shipping, we believe that you will receive the item soon as Customs clearance is under way in your side. Could you help to wait another several days? You know Customs clearance is out of our control, but we'll try our best to solve problem.

　　Any questions please let us know.

　　译文：亲爱的朋友，抱歉给你带来不便。对于长时间的运输我们很抱歉，相信您很快收到物品，因为物品现在正在你方海关清关。麻烦再等几天可以吗？您知道清关快慢是我们无法控制的，但我们会尽力解决问题。有任何问题请随时联系。

（5）已显示妥投，但未收到货

Dear friend,

　　I have checked the tracking information and it shows that the post has delivered to you. So, I provide the tracking number ×××　to you and suggest you to ask the clerk in your local post with the number. Please feel free to contact us if you have any further questions.

　　译文：尊敬的顾客，我追踪了物流显示邮件已经送达。在此我提供快递单号×××给您，建议向当地邮局的工作人员询问这个单号的包裹。如果有任何问题，请随时与我们联系。

（6）确认收货超时，货物未送达

Dear friend,

    I have checked the tracking information and it shows that the post is still in transit. We are sorry that now it's the busiest time of shopping season and the logistics companies are running at maximum capacity. We have also extended the time period for you to confirm delivery. Sorry for the inconvenience.

    译文：尊敬的顾客，我追踪了物流单号显示邮件还在转运途中。很抱歉，现在是购物旺季，物流公司也在满负荷运转。我已经延长了您的收货确认期，给您带来的不便我们深感抱歉。

（7）丢件

Dear friend,

    Sorry to tell you that we cannot get the tracking information. We are afraid the package might be lost. If you still want to buy the product, please place another order and I'll offer you a 5% discount. If not, please apply for refund. Thank you for your understanding.

    译文：尊敬的顾客，很抱歉告知您我们无法获取物流信息。包裹可能丢失了。如果您仍想购买该商品，请重新下单，我将为您提供5%的折扣，或者申请退款。谢谢理解。

（8）货物妥投

Dear customer,

    I have checked the tracking information and it shows that you have received the package. If you are satisfied with your purchase and our service, we'll greatly appreciate it if you give us a five-star feedback and leave positive comments on your experience with us.

    If you have any other questions, please contact us directly. Thank you.

    译文：尊敬的顾客，我追踪了物流显示您已签收邮件。如果您对商品和我们的服务感到满意，请给我们五星好评，并留下购物经历的积极评价。如果有什么问题，请直接和我们联系。谢谢。

活动实施

售中回复客户咨询。

步骤1：将下表中客户的问题翻译成中文，理解客户的问题；

步骤2：判断表中客户咨询的问题属于售中咨询的哪种情况；

步骤 3：查找该情况的回复模板（或根据实际情况自建回复模板），进行有效回复；

步骤 4：教师抽查不同学生的回复并进行反馈，指出回复中的优点和不足之处，并提供改进建议；

步骤 5：学生根据反馈的意见，改进回复策略和沟通技巧，完成表 6.2.1。

表 6.2.1　回复策略的沟通技巧改进

客户咨询	I have already placed an order. When will it be shipped？
	翻译：
客服回复	
客户咨询	My package has been delivered for 10 days, so why it hasn't been received yet？
	翻译：
客服回复	
客户咨询	Why hasn't the logistics trajectory of my package been updated？
	翻译：
客服回复	
客户咨询	Logistics hasn't been waiting for too long and has not arrived yet. I will not buy the skirt. I have applied for a refund.
	翻译：
客服回复	

※ 活动评价 ※

任务实施完成后，由团队负责人（组长）牵头开展自评及他评，完成任务评价表。

任务评价表

	成员	任务分工	组内表现（五星互评）	自己的分工及表现（自评）	组长评价（他评）
任务分工	成员 1		☆ ☆ ☆ ☆ ☆		
	成员 2		☆ ☆ ☆ ☆ ☆		
	成员 3		☆ ☆ ☆ ☆ ☆		
	成员 4		☆ ☆ ☆ ☆ ☆		
任务总结					

活动 3　体验跨境电商客服售后工作

活动背景

陈龙已经做了一段时间客服工作,手上的订单也陆续由买家签收。有的买家对商品很满意,很快确认了订单并给了五星好评;有的买家以货不对板、尺寸不合适等为由要求退货退款;有的买家一声不吭直接给了一星差评……一系列的状况让陈龙应接不暇,他向李经理请教:对于这些纠纷,该如何与买家沟通?

▣ 知识准备

1. 买家收到货

像国内电商一样,跨境买家在收到货之后,对产品的满意度也会有不同的态度;而跨境电商平台对买家的评价也非常重视,积极的商品评价能提升商品信誉,也是促成订单的有效方式之一,因此客服的售后跟踪工作非常重要。售后工作流程图如图 6.2.2 所示。

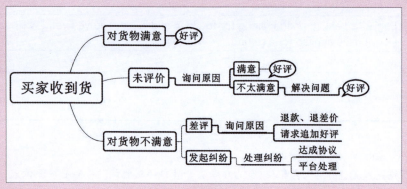

图 6.2.2　售后流程图

(1)买家对货物满意

给予好评,卖家表示感谢,并希望他下次能够再次购买,可参考以下内容。

Dear customer,

Thank you for your positive feedback! Your satisfaction is hugely important to us. Here's a coupon for your next shopping. Hope to see you again in our store soon.

Thank you.

译文:尊敬的顾客,

感谢您的好评。您的满意是我们前进的动力。送您一张优惠券下次购物时可以使用。欢迎再次光临本店。

（2）买家已经签收，但未评价

当物流状态显示货物已经投妥、买家还未评价时，卖家可主动联系买家询问情况，可参考以下内容。

Dear customer,

I have checked the tracking information and it shows that you have received the package. If you are satisfied with your purchase and our service, we'll greatly appreciate it if you give us a five-star feedback and leave positive comments on your experience with us.

If you have any other questions, please contact us directly. Thank you.

译文：尊敬的顾客，

我追踪了物流显示您已签收邮件。如果您对商品和我们的服务感到满意，请给我们五星好评，并留下购物经历的积极评价。如果你有什么问题，请直接和我们联系。谢谢。

（3）买家对货物不满意

当买家对商品表示不满意时，卖家必须积极沟通，找出原因。如果是商品的质量问题，卖方要积极认错，态度诚恳，提出补救措施以得到买方的谅解；如果是买方对商品期望过高，卖方也要积极沟通，表示对买方的理解，通过一定的补救手段希望买方给好评。

①买家收到货后货物有质量问题，卖家要求提供照片（发错颜色、货物、有缺陷等）。

Dear friend,

We are quite sorry for this situation. Could you please send us the pictures about this problem？ And we will solve it for you. Please don't worry. If any other needs, please feel free to contact me. Have a nice day.

译文：亲爱的顾客，

对于这种情况我们感到非常抱歉。你能把这个问题的相关图片发给我们吗？我们会解决这个问题的，请不要担心。如有其他需要，请随时与我联系。祝你愉快。

②买家发来图片，根据情况引导部分退款或全额退款（错误在我方）。

Dear friend,

We're so sorry for the unsatisfied purchase. We are willing to solve the problem.

Sorry for the poor quality, this kind of the product what you bought is too hot, maybe something goes wrong in production. We have contacted manufacturer, tell them to improve as soon as possible.

As an honest seller, we are not willing to let our dear valued customer suffer any losses. We are willing to offer a partial /full refund to you as our sincere apology, is that ok for you？ Or if you have any other ideas, please feel free to tell us. I will try my best to satisfied you.

Looking forward to hear you soon. Once again, we send our sincere apology.

Have a nice day.

译文：尊敬的顾客，对于您的不满意我们很抱歉。我们愿意解决这个问题。

我们对商品的质量表示抱歉，这款商品太热销了，也许在生产中出了问题。我们已联系制造商，告诉他们尽快改进。

作为一个诚实的卖家，我们不愿意让我们亲爱的买家遭受任何损失。我们愿意为您提供部分／全额退款，您觉得这样可行吗？或者您有其他任何想法，请随时告诉我们，我们会尽力满足。

期待收到您的回复。再一次向您致以诚挚的歉意。祝您愉快。

③卖方发错颜色／尺寸。

Dear friend,

We are so sorry about the long-time waiting and unsuitable size. According to our selling record, you had bought one dress which is RED/size M, is that right？

What is the color/size of the dress you got？ Please don't worry, we are willing to solve this problem for you, we just need more information about it. Looking forward to hearing from you soon. Have a nice day.

译文：尊敬的买家，对于长时间和等待却不适合的尺寸，我们表示很抱歉。根据我们的销售记录，你买了一件红色／M码的衣服，对吗？您收到的这件衣服是什么颜色／尺寸的？请不要担心，我们会为您解决这个问题，我们只是需要更多的信息。期待收到您的回复。祝您愉快。

④买家要求退换货（错误不在我方）。

Dear friend,

I'm sorry for the inconvenience. If you are not satisfied with the products, you can return the goods back to us.

When we receive the goods, we will give you a replacement or give you a full refund. We hope to do business with you for long time.

But you should pay for the returned shipping fee. Is it OK for you？

We will give you a big discount in your next order.

Best regards.

译文：尊敬的顾客，很抱歉给您带来了不便。如果你不满意的商品，你可以把货物退还给我们。当我们收到的货物，我们将给你更换或者全额退款。我们希望能和您建立长期贸易关系。

但是退货的运费由你负担。当您下次购买时，我们会给您一个折扣。

Tips:

目前在速卖通平台上，买家的差评不可以再修改，但是可以追加评价。买家差评会直接影响店铺的分数，解决差评的唯一办法就是让买家不给差评。当买家给差评时，卖家要及时主动联系买方，询问差评的原因，语气要客气、礼貌，先通过道歉平息买家的怒气，再寻求让买方追加好评的方法。

解决差评的
回复模板

2. 处理纠纷

速卖通在交易过程中产生的纠纷属于交易纠纷。买方在交易中提起的退款申请时有两种情况：未收到货物以及收到的货物与约定不符。未收到货物可能的原因是：运单号无效、发错地址、物流时间长、海关扣关、丢件等。收到货物与约定不符可能的原因是：货不对板、质量问题、发错货等。不管什么原因引起的纠纷，都会影响卖方的信誉。因此，当买方提起纠纷时，卖方要与买方积极沟通，争取在 3 天内协商解决纠纷，关于质量、物流等问题的回复，可参考之前的模板。

①如果纠纷已经解决，要引导买方关闭纠纷，参考以下内容：

Could you please kindly help me close the dispute？

译文：能帮我关闭纠纷吗？

②关于质量问题引起的纠纷，卖家可通过部分退款或者全额退款的方式与买家协议，如：

Dear friend,

We are so sorry to see you open a dispute. Since we did carefully check the product and the package to make sure everything was in good condition before shipping it out. We suppose that the damage might have happened during the transportation. But we are still very sorry for the inconvenience.

We hope to bring this matter to a successful resolution. We would like to offer you the following options:

1. Keep your ordered item and accept a partial refund of \$×××.

2. Return and receive a full refund. However, you would be responsible for all return shipping fees.

Whatever you decide, we will continue to honor you as our valued customer, and offer you a 3% discount in your new order.

I honestly hope you can close the dispute. If you don't agree, could you give us a better suggestion？

Let us apologize to you again for all your inconvenience.

Looking forward to hearing from you.

译文：尊敬的顾客：

很遗憾您提交了一个纠纷。在装运之前，我们已经仔细检查了商品和包装，以确保货物没有质量问题。质量的损坏可能是在运输过程中造成的。但是，给您带来的不便，我们仍然感到非常抱歉。

我们希望能够妥善解决这个问题，为您提供以下选择：

1. 保留您订购的商品，并接受 $××× 的部分退款。

2. 退货并获得全额退款。但是您将负责所有退货运费。

无论您的决定是什么，我们都将继续视您为我们尊贵的买家，并给您的新订单提供3%的折扣。

真诚地希望你能关闭纠纷。如果你不同意，能否给我们一个更好的建议？

让我们再次向您道歉，期待您的回复。

练一练

请阅读以下的站内信并回复

> 👤 Miseryshane   2022-05-10 13:48
>
> Dear Buyer,
> I gave you a positive point (no comment) because the dress is correct but seriously, I received it with a hole...
>
> Please contact me to find a issue.
>
> Regards

3. 维护买家

想要有好的业绩，除了开发新买家，留住老买家、提高买家的回购率也是很有必要的。需要平时多与老买家沟通，对老买家进行定期维护。

（1）推荐订阅店铺

商品邮件推送功能是速卖通平台为买家和卖家搭建的一个沟通渠道，买家订阅后，可以收到平台最新的优质商品及店铺信息。卖家可以利用这个功能，推荐买家订阅店铺，可让买家在第一时间了解卖家的最新商品。

Dear buyer,

In order to offer a better service and keep you updated with the latest promotions and products, please subscribe to my store. Thank you.

译文：亲爱的买家，为了提供更好的服务并让您及时了解最新的促销和商品，请订阅我的商店。谢谢。

（2）上新通知

当店铺有上新时，可通过站内信、即时通信工具等通知买家，快速实现新品破冰。

Hi friend,

We have published some new products, here is the link, please click to check them. If you order more than 3 pieces, we can give you a 15% discount.

译文：尊敬的顾客，我们发布了一些新商品，这里是链接，请点击查看。如果您购买超过 3 件，我们可以给您 15% 的折扣。

（3）促销通知

店铺、平台为了促进订单量的提升，有时会通过一些促销手段吸引买家，例如优惠券、限时秒杀、打折、会员优惠等。这些活动在吸引新买家的同时，也可以增加老买家的回购率。

Hi friend,

Right now, the sales season is coming, here is our promotion link, please click to check them. If you order more than $99, we can give you a 15% discount.

译文：尊敬的顾客，销售旺季即将到来，这是我们的促销链接，请点击查看。如果您购买超过 99 美元，我们可以给您 15% 的折扣。

（4）节日问候

某些买家很注重节日礼仪，可关注买家所在国家的节日情况，有针对性地发送问候。

Hi friend,

Right now, the Christmas season is coming, Merry Christmas and Happy New Year！

If you want to buy some gifts for your family, here is our gifts' link. Please click to check them. if you want to buy more than 3 pieces, we can give you a 5% discount.

Best regard.

译文：尊敬的顾客，现在圣诞节快到了，圣诞快乐，新年快乐！如果您想为您的家人购买礼物，这是我们的礼物链接，请点击查看。如果您购买超过 3 件，我们可以给您 5% 的折扣。

活动实施

步骤 1：学生 2 人为一组，完成本次活动；

步骤 2：理解 4 个情境中的客户留言，进行讨论和准备回复，学生可以参考相关的售后服务模板，提出解决问题的方案，判断属于哪种类型的售后问题；

步骤 3：教师抽查不同小组的回复并进行反馈，指出回复中的优点和不足之处，并提供改进建议；

步骤 4：学生根据反馈的意见，改进回复策略和沟通技巧，完成表 6.2.2。

表 6.2.2　回复策略和沟通技巧改进

情境	售后咨询		售后类型
情境一	客户留言	I bought a dress last week, but the size is not the right one. Can I return it? How to operate the return process?	
	客服回复		
情境二	客户留言	Hi, I am sorry, I find I choose the wrong color, could you help me change the color?	
	客服回复		
情境三	客户留言	I have some doubts about the use of the product, and I hope to get detailed instructions and guidance.	
	客服回复		
情境四	客户留言	The skirt that last time bought is very satisfied, does 5-Star evaluation have cash back?	
	客服回复		
情境五	俄罗斯的买家 Lily 一个月前在陈龙的店铺买了 3 条连衣裙，因对商品很满意都给了好评。近期陈龙店铺许多新品上架，恰巧碰到 "3.8" 节促销活动，全场商品都享受满 100 美元减 38 美元的促销活动，请提前给 Lily 写一封通知信，争取老客户的回购		

※ 活动评价 ※

任务实施完成后,由团队负责人(组长)牵头开展自评及他评,完成任务评价表。

任务评价表

任务分工	成员	任务分工	组内表现 (五星互评)	自己的分工及表现 (自评)	组长评价 (他评)
任务分工	成员 1		☆☆☆☆☆		
	成员 2		☆☆☆☆☆		
	成员 3		☆☆☆☆☆		
	成员 4		☆☆☆☆☆		
任务总结					

项目检测

1. 单选题

(1) IM 是( )跨境平台的即时通信工具。

　　A. 亚马逊　　　　　　B. 敦煌网　　　　C. Wish　　　　D. 速卖通

(2) 中国的北京时间上午 10 点,是哈萨克斯坦的( )。

　　A. 上午 8 点　　　　　　　　　　B. 下午 3 点

　　C. 前一天晚上 10 点　　　　　　　D. 晚上 10 点

(3) 当买方提起纠纷时,卖方要与买方积极沟通,争取在( )天内协商解决纠纷。

　　A. 1　　　　　　B. 7　　　　　　C. 3　　　　　D. 5

(4) 包裹状态查询显示"Delivered",则表示( )。

　　A. 包裹已取件　　B. 包裹投递成功

　　C. 包裹转运中　　D. 包裹清关中

(5) 对于数字"13"不忌讳的国家是( )。

　　A. 德国　　　　　　B. 法国　　　　　C. 泰国　　　　D. 加拿大

2. 多选题

(1) 国际上常用的即时通信工具有( )。

　　A. Skype　　　　　B. Wechat　　　　C. Viber　　　D. Whatsapp

(2) 包裹物流跟踪异常的状态有( )。

　　A. Transit　　　　B. Expire　　　　C. Pick Up　　D. Alert

(3) 买家拍下订单,但还没有支付货款,卖家可以( )。

　　A. 直接关闭订单　　　　　　B. 提醒买家付款

　　C. 说明订单关闭时间　　　　D. 如果是促销期间的订单,则可说明促销时间

(4)买家未收到货的原因可能是(　　　)。

    A. 发错地址　　　　　B. 物流时间　　　　C. 海关扣留　　　　D. 丢件

(5)当买家给了差评,恰当的做法是(　　　)。

    A. 卖家积极沟通,找出买家给差评的原因

    B. 通过补救手段,引导买家追加好评

    C. 电话轰炸买家

    D. 对差评置之不理

3. 判断题

(1)站内是速卖通平台上买卖双方沟通的唯一方式。　　　　　　　　　　(　　　)

(2)买方一旦付款,订单就不可以取消。　　　　　　　　　　　　　　　(　　　)

(3)买方付款之后,卖方将订单信息发送给买方进行二次确认,以免买方拍错产品或写错收货地址。　　　　　　　　　　　　　　　　　　　　　　　　　　(　　　)

(4)给目标市场是俄罗斯的产品定价,可以多用"7"这个数字。　　　　　(　　　)

(5)当店铺有上新时,可通过站内信、即时通信工具等通知客户,快速实现新品破冰。

                                                                (　　　)

4. 简答题

(1)维护老客户有哪些方法?

(2)你认为作为一名跨境电商客服,需要具备的素质是什么?

项目 7
培养跨境电商职业道德

项目综述

2020年中共中央印发的《法治社会建设实施纲要（2020—2025年）》明确指出，要完善跨境电商制度，规范跨境电子商务经营者行为。近年来跨境电商持续发展，我国政府高度重视和大力扶持发展跨境电商业务，并严格要求从事者要遵守与之相关的平台管理制度和法律制度等法律法规。

在跨境电商行业中，若想获得长久的发展，在运营店铺的过程中都要严格遵守相应的法律法规和平台规则。否则，我们很容易踩到法律或平台的红线，并受到相应的处罚。因此，在工作中我们要保持对相关法规和平台规则的关注，做到知法懂法，坚守规则，并在工作中养成良好的职业操守和职业道德。

陈龙的店铺经过一段时间的运营后，业务也在逐步提升。团队成员每日忙于应付店铺常规事务，忽视了对平台的持续学习。近期，店铺一连收到了平台好几个违规处理，例如因未及时下架库存不足的产品导致订单成交不卖；新上架的一款上衣印着与某国际大牌的品牌Logo非常相似的图案等，店铺因此受了平台相应的侵权处分，商品也被迫下架。

于是，陈龙向张经理提出了建议，要定期组织团队集体了解和学习最新的平台规则和相关的法律法规，避免在日后的运营中再次出现违规行为。

项目目标

通过本项目的学习，应达到的具体目标如下：

素质目标
◇树立诚信经营店铺的理念，养成恪守规则的工作习惯；
◇培养终身学习的习惯，建立良好的职业道德。

知识目标
◇知道跨境电子商务的基础法律法规；
◇熟悉速卖通平台的最新平台规则；
◇理解跨境电商行业的职业道德要求。

能力目标
◇能基本了解跨境电子商务的基础法律法规对从业者有何要求；
◇能够持续关注平台规则的变化，并具备学习和理解规则的能力；
◇能判断运营过程中有哪些典型的违反交易、知识产权、产品发布等平台规则的行为。

项目思维导图

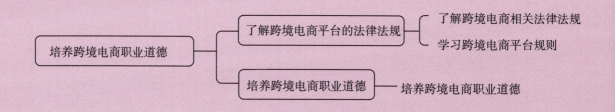

任务1 »»»»»»»»
了解跨境电商平台的法律法规

任务情境

陈龙的速卖通店铺近期运行良好,面对业务量的不断提高,公司也临时招收了一批实习生支援店铺的工作。但是,因为实习生急于上岗,未经过系统的法律法规、平台规则的学习,导致一连出现几次违规行为,例如未及时下架库存不足的产品导致一个订单成交不卖,因新上架的产品与某国际大牌的新上架的一款上衣上印着与某国际大牌的品牌 Logo 非常相似的图案,店铺也因此受了平台相应的侵权处分,商品也被迫下架。

陈龙也意识到,遵守跨境电商平台的法律法规和平台规则,是一位跨境电商从业者最基本的职业道德,也只有这样,才有可能保证店铺在平台上获得长期、稳定的发展。

平台运营过程中需要持续关注平台的发布规则,了解平台上商品在发布前需满足哪些条件才可以上架,尤其要注意平台上什么商品不可以销售。

任务分解

为企业选择适合的跨境电商平台,需要依次完成以下两个工作任务:
①了解我国跨境电商法律法规;
②学习跨境电商平台规则。

活动 1　　了解跨境电商相关法律法规

活动背景

无规矩不成方圆,跨境电商的发展也离不开规范的法律法规的约束,在保障消费者权益的同时,同样保护卖家的利益不受损害,推进跨境电商行业的规范发展。

尚美服装有限公司要求公司电商部门对跨境电商法律法规认真学习,了解跨境电商应该遵守哪些法律规章制度。陈龙团队开启了跨境电商法律法规的学习之旅。

知识准备

从行业监管角度来看,跨境电商行政监管部门为商务部、中华人民共和国海关总署、工信部、工商总局与国家市场监督管理总局,行业自律管理组织为中国跨境电子商务专业委员会。国家对跨境电商重视程度日益提高,一系列鼓励跨境电商发展的新政策也随之出台。

1. 跨境电商贸易、商务运输方面的法律法规

跨境电商贸易、商务运输相关法律法规是针对跨境电商活动中的跨境贸易属性,解决涉及贸易中基础问题的法律法规,主要包括以下内容:

(1)一般性法律

我国出台的规范对外贸易主体、贸易规范、贸易监管的一般性法律,最重要的法律基础是《中华人民共和国对外贸易法》。在修订后的对外贸易法中,规范了贸易参与者、货物进出口、贸易秩序、知识产权、法律责任等。从根本上确立了贸易参与者的备案登记、货物进出口的许可管理和监管,保护知识产权等措施。

(2)贸易合同方面的法律

跨境电商的合约除了电子合同的属性,还具有贸易合同的性质。在贸易合同方面有影响力的国际法律文件是《联合国国际货物销售合同公约》规范的是一般贸易形态的,商业主体之间的,非个人使用、非消费行为的货物销售合同订立。该公约具体规范了合同订立行为、货物销售、卖方义务、货物相符、买方义务、卖方补救措施、风险转移、救济措施、宣布合同无效的效果等。

(3)知识产权方面的法律

《中华人民共和国专利法》《中华人民共和国商标法》对贸易过程中涉及的知识产权进行了规范。在跨境电商中,知识产权已成为传递品牌信赖的标志。买家主要通过专利、商标、版权对消费产品的信息、可靠度进行比较,确定是否下单。目前,跨境电商知识产权侵权主要表现在商标权、著作权、专利权侵权和假冒专利四方面。

(4)跨境运输方面的法律

《中华人民共和国海商法》《中华人民共和国航空法》《货物运输代理业管理规定》等法律法规对承运人的责任、交货提货、保险等事项做了具体规定,也对国际贸易中的货物运输代理行为做了规范,厘清了代理人作为承运人的责任。货运代理的代理人身份和独立经营人身份、合同当事人的双重身份也需要参照合同法进行规范。跨境电商交易活动后期会涉及

较多的跨境物流和运输问题,涉及海洋运输、航空运输方面的法律。

(5)产品质量和消费者权益方面的法律

在法律实践中,跨境电商常常面临商品质量的责任和纠纷。在贸易过程中,商品质量问题和责任需要通过法律来规范,消费者权益需要通过法律进行保护。《中华人民共和国消费者权益保护法》等法律对生产者、销售者的责任进行了梳理,以及对欺诈、侵权的行为进行了规制。电商消费者受国家法律保护的权利有安全权、知情权、选择权、公平交易权、退货权、索赔权、个人信息权以及其他权利。

查一查

登录国家知识产权局网站,查找最近申报的专利权、著作权和商标权,各举两个例子,填入下表中。

分类	申报单位或个人	申报内容
专利权		
著作权		
商标权		

查找方法如下:

步骤1:登录"国家知识产权局"网站,如下图所示。

步骤2:找到"政务服务",找相应的类目进行检索。

2.跨境电商监管方面的法律法规

跨境电商监管相关的法律法规针对跨电商过程中的通关、商检、外汇、税务等问题,对多种跨境电商交易和服务都具有约束作用。主要包括:

（1）通关方面的法律法规

海关总署《关于增列海关监管方式的公告》等文件，列出了 9610、1210 等海关监管方式，开放上海、深圳等跨境电商试点城市，搭建跨境电子商务通关管理和通关服务平台，实现涵盖企业备案、申报、审单、征税、查验、放行、转关等各个环节的全程通关无纸化作业。

（2）商检方面的法律法规

跨境电商所交易的较多货物都需要通过商检的检验环节。《中华人民共和国商检法》涉及商品检验检疫方面的出口、进口的检疫以及监督管理职责。同时依据商检法出台了《中华人民共和国商品检验法实施条例》，对商检法各个部分拟订了细则。针对邮递和快件的检验检疫细则，出台了如《进出境邮寄物检疫管理办法》和《出入境快件检验检疫管理办法》等。

（3）外汇管理的有关规定

跨境电子商务主要涉及向外汇管理部门、金融机构的结汇问题。当前的规范主要有《中华人民共和国外汇管理条例》（以下称《外汇管理条例》）等。《外汇管理条例》中所涉及的项目售汇、结汇条文会直接影响到跨境电子商务的部分支付问题。

（4）税收方面的法律法规

税收方面的法律法规主要有《中华人民共和国进出口关税条例》（以下简称《进出口关税条例》），以及涉及退税阶段的各类的规章制度。《进出口关税条例》在《中华人民共和国海关法》和国务院制定的《进出口关税税则》的基础上来具体规定关税征收的规定和细则，包括货物关税税率设置和适用、完税价格确定、进出口货物关税的征收、进境货物的进口税征收等。

3. 电子商务相关法律法规

《中华人民共和国电子商务法》，以下简称《电子商务法》，是政府调整、企业和个人以数据电文为交易手段，通过信息网络所产生的，因交易形式所引起的各种商事交易关系，以及与这种商事交易关系密切相关的社会关系、政府管理关系的法律规范的总称。2018 年 8 月 31 日，十三届全国人大常委会第五次会议表决通过《电子商务法》，自 2019 年 1 月 1 日起施行。《电子商务法》对跨境电商行业做出了相关法律规定。

🔲 知识窗

跨境电商平台的禁止性规定

跨境电商平台不得从事以下行为：

（一）[禁止"推单"] 虚假上架商品、自行或协助他人将非跨境电商平台上交易的商品订单信息导入跨境电商平台并伪造成在跨境电商平台上交易的订单信息向海关推送，或者将其他跨境电商平台的交易数据导入并向海关推送；

（二）[禁止"刷单"] 虚假上架商品、自行或协助他人将需要通过一般贸易方式进口的货物在跨境电商平台上生成虚假的个人消费者订单，将大宗货物拆分并伪报成跨境电商零售进口商品申报进口；

（三）[禁止伪报商品要素] 自行或协助他人向海关伪报商品申报要素，包括低报商品的实际成交价格、伪报商品税则号、将未列入《跨境电商零售进口商品清单》中的商品伪报为清单中的商品、通过夹藏等方式伪报商品数量等；

（四）[禁止违法利用、泄露公民身份信息] 通过非法途径收集消费者个人信息并利用其他公民身份信息非法从事跨境电商业务，或者将掌握的消费者个人信息泄露、出售或非法提供给他人；

（五）[禁止二次销售] 将通过跨境电商零售方式进口的商品再次在国内市场销售，或者将跨境电商零售进口渠道中消费者退货的商品存放在境内进行二次销售；

（六）[禁止提供申报价格指导] 为跨境电商零售进口商品的入境申报提供"备案价格"等申报价格指导；

（七）[禁止篡改或删除数据] 篡改或删除平台内订单中消费者身份信息、商品名称、价格、数量、支付金额、支付时间等核心要素。

活动实施

当前我国跨境电商可能涉及的法律条文、规范、文件可以分为三类：第一类是跨境电商涉及的贸易、商务、运输相关法律；第二类是跨境电商监管的相关法律；第三类是电子商务活动的相关法律，主要是 2019 年颁布的《中华人民共和国电子商务法》。

步骤 1：请你以小组为单位，通过查阅海关总署、国务院、财政部、国家税务总局等网站，查找跨境电商相关的法律法规（每个类别举一个例子即可），完成表 7.1.1。

表 7.1.1　跨境电商相关的法律法规

分类	相关业务	法律法规名称	实施日期	颁布机构
跨境电商涉及的贸易、商务、运输相关法律	规范对外贸易主体、贸易规范、贸易监管			
	贸易合同			
	跨境运输			
	知识产权			
	产品质量			
	消费者权益			
跨境电商监管的相关法律	税收			
	通关			

续表

分类	相关业务	法律法规名称	实施日期	颁布机构
跨境电商监管的相关法律	外汇			
	商检			
电子商务活动相关法律	电子商务活动	《中华人民共和国电子商务法》	2019 年 1 月 1 日	全国人大

步骤 2：《中华人民共和国电子商务法》（以下简称《电子商务法》）经过第十三届全国人民代表大会常务委员会第五次会议审议并通过，于 2019 年 1 月 1 日施行，成为我国电商领域首部综合性法律。请你通过扫描二维码，认真阅读《电子商务法》，查找出关于跨境电商的相关法律规定，完成表 7.1.2。

中华人民共和国电子商务法

表 7.1.2　《电子商务法》中与跨境电商相关的内容

所在位置（第几条）	《电子商务法》规定跨境电商的内容

步骤 3：陈龙近期向海关申报出口一批货物，但是由于时间紧，与装运公司沟通不到位，导致申报出口货物与实际不符。请问会有什么后果，公司会受到什么处罚？

请上网查找《中华人民共和国海关法》《中华人民共和国海关行政处罚实施条例》等相关法律规范，以小组为单位共同讨论，分享两部法律法规中让你印象深刻的内容。

※ 活动评价 ※

任务实施完成后，由团队负责人（组长）牵头开展自评及他评，完成任务评价表。

任务评价表

	成员	任务分工	组内表现（五星互评）	自己的分工及表现（自评）	组长评价（他评）
任务分工	成员 1		☆☆☆☆☆		
	成员 2		☆☆☆☆☆		
	成员 3		☆☆☆☆☆		
	成员 4		☆☆☆☆☆		
任务总结					

活动2 学习跨境电商平台规则

活动背景

陈龙的店铺经过一段时间的运营后，突然收到了一个平台的违规处理，原因是新来的实习生为了提高店铺销量，新上架的一款上衣上印着与某国际大牌的品牌Logo非常相似的图案，店铺也因此受了平台相应的侵权处分，商品也被迫下架。

于是，陈龙向张经理提出了建议，要定期组织团队集体学习最新的平台规则和相关的法律法规，避免在日后的运营中再次出现违规行为。

回 知识准备

为维护和优化速卖通平台的经营秩序，更好地保障全球速卖通广大用户的合法权益，速卖通平台制订了平台规则（卖家规则），包括基础规则、行业标准、知识产权规则、禁限售规则、营销规则、招商规则、卖家保护政策等。

全球速卖通禁限售规则

1. 禁售与限售规则

在速卖通平台发布产品是完全免费的，但这并不意味着你可以随意甚至恶意地发布产品，平台规则中已通过《禁售与限售规则》明确规定了对上架产品的规定与要求，如表7.1.3所示。

表7.1.3 知识产权禁限售违规处罚

积分类型	扣分节点	处罚
知识产权禁限售违规	2分	严重警告
	6分	限制商品操作3天
	12分	冻结账号7天
	24分	冻结账号14天
	36分	冻结账号30天
	48分	关闭

禁售商品是指因涉嫌违法、违背社会道德或违背平台发展原则等原因，而禁止发布和交易的产品。例如在速卖通平台上，毒品、枪支、军警用品、收藏品、非法用途的各类商品、危害国家安全及有侮辱性信息的商品等都是禁止上架的。

限售商品是指发布商品前需取得商品销售的前置审批、凭证经营或授权经营等许可证明，否则不允许发布，例如电子烟、药品等。

禁限售违规和知识产权一般侵权将累计积分，积分累积到一定分值，将执行账号处罚。

♀ 查一查

要想了解速卖通规则，通常可以在以下四个地方查看：卖家频道公告、卖家论坛平台规则板块、速卖通登录后台首页公告、速卖通规则频道。

请任意选择以上一个渠道，查找平台最新发布的《全球速卖通禁限售商品目录》，了解产品发布中的违规行为处理办法，并完善表中的空白部分。

处罚依据	行为类型	积分处罚	其他处罚
《禁限售规则》	发布禁限售商品	严重违规：（　　　　）/ 次 （关闭账户）	退回 / 删除违规信息；若核查到订单涉及禁售商品，速卖通将关闭订单，如买家已付款，无论物流状况如何均全额退款给买家，卖家承担全部责任
		一般违规：（　　　　）/ 次 （1 天内累计不超过 12 分）	

2. 知识产权保护规则

知识产权，指"权利人对其所创作的智力劳动成果所享有的专有权利"。未经知识产权所有人的许可，使用其依法享有的知识产权，即为知识产权侵权。

全球速卖通知识产权规则

速卖通平台严禁用户未经授权发布、销售涉嫌侵犯第三方知识产权的商品或发布涉嫌侵犯第三方知识产权的信息。若卖家发布涉嫌侵犯第三方知识产权的信息，或销售涉嫌侵犯第三方知识产权的商品，则有可能被知识产权所有人或者买家投诉，平台也会随机对店铺信息、商品（包含下架商品）信息、产品组名进行抽查，若涉嫌侵权，则信息、商品会被退回或删除。根据侵权类型执行处罚。

速卖通平台规定了《知识产权保护规则》，用以保护所有卖家的知识产权利益，禁止卖家销售任何未经授权的产品。知识产权侵权行为主要为商标侵权、专利侵权、著作权侵权，具体解释见表 7.1.4。

表 7.1.4　侵权行为的类型及处罚规则

侵权类型	定义	处罚规则
商标侵权	严重违规： 未经注册商标权人许可，在同一种商品上使用与其注册商标相同或相似的商标	三次违规者关闭账号
	一般违规： 其他未经权利人许可使用他人商标的情况	首次违规扣 0 分；其后每次重复违规扣 6 分；累达 48 分者关闭账号
著作权侵权	未经权利人授权，擅自使用受版权保护的作品材料，如文本、照片、视频、音乐等，构成著作权侵权，包括： 实物层面侵权：盗版实体产品或其包装；实体产品或其包装非盗版，但包括未经授权的受版权保护的作品； 信息层面信息：产品及其包装不侵权，但未经授权在店铺信息中使用图片和文字等受著作权保护的作品	首次违规扣 0 分； 其后每次重复违规扣 6 分； 累达 48 分者关闭账号

续表

侵权类型	定义	处罚规则
专利侵权	侵犯他人外观专利、实用新型专利、发明专利、外观设计（一般违规或严重违规的判定视个案而定）	首次违规扣 0 分； 其后每次重复违规扣 6 分； 累达 48 分者关闭账号

卖家避免在运营过程中出现品牌侵权，应注意以下事项：

（1）参考平台规则专区的品牌参考列表；

（2）标题、产品图片中不能含有他人品牌的品牌名称、衍生词、Logo 或相似 Logo；

（3）经常了解业内各知名品牌方的产品设计，避免无意出现与之相似的外观或图案；

（4）一旦发布了侵权产品，在被投诉前，应自觉立即删除。

3. 基础营销规则

（1）成交不卖

成交不卖，指买家对订单付款后，卖家逾期未按订单发货，或买家取消订单并选择卖家原因导致付款未发货。

基础营销规则

成交不卖包括如下两种类型：

一是买家对订单付款后，卖家未在其设置的发货期内发货导致订单关闭；

二是买家对订单付款后，在卖家发货前申请取消订单，同时选择卖家原因。

成交不卖的处罚包括下架成交不卖所涉订单对应的产品，具体见表 7.1.5。

表 7.1.5 成交不卖的违规处罚

违规情形	定义	处罚规则
成交不卖一般违规	成交不卖订单量和比率较小	2 分 / 次，给予整个店铺不同程度的搜索排名靠后处理
成交不卖严重违规	（1）成交不卖订单量较大或成交不卖订单占全店近 7 天或 30 天订单比例较大； （2）为引流等不正当目的恶意成交不卖等； 多次发生成交不卖一般违规行为	12 分 / 次，店铺进行屏蔽
成交不卖特别严重	成交不卖订单量较多或具有其他严重情节	48 分 / 次，冻结账户或直接关闭账户

（2）虚假发货

虚假发货是指在规定的发货期内，卖家使用无效、无关运单号声明发货，长时间无物流揽收信息，未按照系统内声明发货的运单号，或未按照向消费者的声明履行发货义务的行为。例如，为了规避成交不卖处罚填写无效货运单号或明显与订单交易无关的货运单号等，或者买卖双方恶意串通，在没有真实订单交易的情况下，通过虚假发货的违规行为误导速卖通平台放款等。

虚假发货行为根据严重程度，分为虚假发货一般违规和虚假发货严重违规，具体见表 7.1.6。

表 7.1.6　虚假发货的违规处罚

类型	定义	处罚规则
虚假发货一般违规	店铺虚假发货小于 3 笔	2 分 / 次，冻结账户 7 天
虚假发货严重违规	1. 虚假发货订单金额较大； 2. 买卖双方恶意串通，在没有真实订单交易的情况下，通过虚假发货的违规行为误导速卖通平台放款； 3. 3 次以上发生虚假发货一般违规行为	12 分 / 次，冻结账户 30 天
虚假发货特别严重	笔数较多或具有其他严重情节	48 分 / 次，甚至直接关闭账号

（3）货不对板

货不对板主要是卖家发出的货物与商品展示图不一致，通常表现在货物与描述不符、质量问题、货物破损、货物短装、销售假货等。

货不对板严重行为包括但不限于以下方面：

①寄送空包裹给买家；

②订单产品为电子存储类设备，产品容量与产品描述或承诺严重不符；

③订单产品为电脑类产品硬件，产品配置与产品描述或承诺严重不符；

④订单产品和寄送产品非同类商品且价值相差巨大；

⑤其他订单产品和寄送产品严重不符的情形。

速卖通平台将根据卖家以上违规行为情节严重程度进行"直接扣 48 分关闭账号"的判定。若买家提起纠纷，不仅会使订单回款周期变长，还会产生差评，影响潜在客源。这就要求卖家在上传商品时要对商品描述真实全面，严把质量关，杜绝假货。

4.商品信息质量规则

（1）搜索作弊

为保障平台买家的搜索体验，同时给广大卖家提供一个公平竞争的经营环境，平台大力打击、清理通过搜索作弊骗取曝光机会、排名靠前的行为，即搜索作弊行为。搜索作弊行为主要包括三类，即商品信息滥发、价格作弊和交易类行为，具体见表 7.1.7。

平台将对搜索作弊行为采取调整搜索排名、删除商品、下架商品的措施；如违反搜索作弊规则的商品累积到一定量，平台将对店铺内全部商品或部分商品（包括违规商品和非违规商品）采取调整搜索排名的措施；情节严重的，平台将对店铺内所有商品进行屏蔽；情节特别严重的，平台将冻结账户或关闭账户。

表 7.1.7　搜索作弊行为分类

搜索作弊行为	分类	定义
信息展示类 – 商品滥发	1. 类目错放	商品实际类别与发布商品所选择的类目不一致，如"布料"放到"婚纱"类目

续表

搜索作弊行为	分类	定义
信息展示类 – 商品滥发	2. 标题描述违规	指标题关键词滥用，如标题无明确商品名称、标题关键词堆砌、标题商品名与实际不符、标题与类目不符、标题品牌词与实际不符、标题件数与实际可购买件数不一致等
	3. 属性错选	指发布的商品虽然类目选择正确，但选择的属性与商品的实际属性不一致
	4. 重复铺货	指发布的商品信息与在同个店铺内或在同个卖家/平台基于多重特征认定的同一主体，开立的其他店铺内已发布的商品信息完全相同或主要商品信息（如图片、标题、价格、属性等）雷同
价格作弊	1. 商品超低价	卖家以较大偏离正常销售价格的低价发布商品
	2. 商品超高价	卖家以较大偏离正常销售价格的高价发布商品
	3. 运费倒挂	商品本身设置较低的价格，但是运费设置偏离正常运费的高价
	4.SKU 作弊	是指卖家滥用 SKU 的设置功能（如以非常规方式设置规格、数量、单位、邮费等信息，或通过 SKU 的设置变更关键商品要素）发布偏离正常价格的高价或低价的SKU，或不支持出售（包括不支持按常规方式出售）或到达的 SKU
交易行为类	1. 信用及销量炒作	通过非正常交易手段提高商品销量及信用的行为
	2. 更换商品	通过编辑已发布商品类目、品牌、型号、配置、材质、功能等关键属性使其成为另一款商品。如商品更新换代，卖家应发布新品；因商品更新换代编辑已发布商品的属于更换商品

（2）图片盗用

摄影作品侵权，简称盗图，一般指未经允许将他人的摄影作品作为自己的商品图片等进行展示。盗图违规 6 分/次扣分，首次不扣分；首次 5 天内算一次；其后一天内若有多次成立扣一次分。时间以投诉结案时间为准。

盗图投诉立案成立，需同时满足以下 3 个条件：

①一张清晰无水印且未经编图软件编辑的原始图片（简称"原图"）；

②三张不同的与上述原始图片相关的花絮、套图，需清晰无水印且未经编图软件编辑；

③原图与被投诉链接中的图片对应的原图一致。

此外，任何字段或图片中禁止出现联系方式，如邮箱、微信、手机号、QQ、MSN、SKYPE 等；如以宣传店铺或商品为目的，发布带有广告性质（包括但不限于在商品标题、图片、详细描述信息中留有联系信息或非速卖通的第三方链接等）的信息，吸引买家访问，而信息中商品描述不详或无实际商品，在任何描述中禁止出现非速卖通平台的网站链接。留有联系信息或广告商品，平台有权对商品信息退回或删除，违规商品信息过多或屡犯者，速卖通平台将视违规行为情节保留扣分及直接账号处罚的权利。

活动实施

要想了解速卖通规则，通常可以在以下四个地方查看：卖家频道公告、卖家论坛平台规则板块、速卖通登录后台首页公告、速卖通规则频道。请任意选择以上一个渠道，查找平台最新规则。

步骤 1：在速卖通官网上找到最新的平台规则，并说明你的查找方式和资料来源。

步骤 2：浏览速卖通平台规则（卖家规则）的展示页面，并从全局上对平台规则有整体了解，尝试写下速卖通平台规则（卖家规则）一共由哪几个规则构成。

_____

_____

步骤 3：仔细阅读、学习平台规则，并分析以下行为违背了平台的什么规则：

行为 1：陈龙团队中的一位实习生在选品时，发现印制了 Miffy 图形的女装非常受欢迎。恰好，该员工在某国内某批发网站上发现了一款女装上印制的图案与 Miffy 米菲兔外观有些相似，于是就将该女装采购了回来，并在公司的速卖通店铺上架了这款产品。不久，店铺便收到了 Miffy 品牌方发起的侵权投诉，平台已受理了该品牌方的投诉。

行为 2：陈龙团队中有一款女式上衣过季，国内工厂已经停止了生产。由于实习生的工作疏忽，未及时在店铺中下架该款产品。不幸的是店铺有位巴西客户一次性下单了两件该女式上衣，眼看交货期快到了，工厂依然没有办法安排生产。

请思考：

行为 1 可能违反了速卖通平台的_____规则。

行为 2 可能会导致店铺违反速卖通平台的_____规则。

步骤 4：针对该违规行为，如果平台认定违规行为是成立的，那么平台可能会给出店铺的处罚措施有哪些？

行为 1：_____

行为 2：_____

步骤 5：请思考作为店铺负责人，当店铺遇到这两种突发情况时，可以采用什么措施避免或减轻平台的处罚。

行为 1：_____

行为 2：_____

步骤 6：为避免店铺再出现类似的违规行为，加强运营的规则意识，请尽可能收集和了解平台上常见的违规案例，完成表 7.1.8，并向你的同学分享你收集的案例。

表 7.1.8　违规案例

违规类型	案例介绍
违反知识产权的案例	
违反禁限售规则的案例	
违反营销规则的案例	
违反搜索规则的案例	
其他	

※ 活动评价 ※

任务实施完成后,由团队负责人(组长)牵头开展自评及他评,完成任务评价表。

任务评价表

	成员	任务分工	组内表现 (五星互评)	自己的分工及表现 (自评)	组长评价 (他评)
任务 分工	成员 1		☆☆☆☆☆		
	成员 2		☆☆☆☆☆		
	成员 3		☆☆☆☆☆		
	成员 4		☆☆☆☆☆		
任务 总结					

任务 2　>>>>>>>>>>
培养跨境电商职业道德

任务情境

面对业务量的不断增加,公司近期招聘了不少新人进入电商团队。公司也发现,个别员工在店铺运营过程中,为了提高成交量,会采取例如刷单、虚假宣传等方式去追求短期的利益,工作中慢慢滋生了求快、求名、求利的心态。

在电商行业中,要建立一个高转化率且能够长久生存的电商企业,靠的不仅仅是优质的商品和出众的运营团队,与之同样重要的,是从业者良好的职业道德。为此,电商部门决定开展一次特殊的培训, 针对团队中刚刚显现的求快、求利的不良心态,谈谈跨境电商从业者应该具备的职业道德和职业操守。

任务分解

要了解跨境电商的职业道德规范工作,需要重点完成以下工作任务:

(1)了解我国跨境电商职业道德的要求;

(2)学习与职业道德相关的案例。

活动　培养跨境电商职业道德

活动背景

陈龙作为一名跨境电商从业人员,需要了解跨境电商的职业道德规范,以便在未来的工作过程中锻炼自己,培养专业规范的跨境电商从业人员职业道德和职业素养。

回 知识准备

1. 跨境电商职业道德的基本含义

职业道德是指从业人员在一定职业活动中应遵循的、体现一定职业特征的、调整一定职业关系的职业行为准则和规范。

2. 跨境电商职业道德的意义

职业道德修养,是指从事各种职业活动的人员,按照职业道德基本原则和规范,在职业活动中所进行的自我教育、自我改造、自我完善,使自己形成良好的职业道德品质,是一种自律行为。跨境电商从业人员的职业道德修养,主要包括职业责任、职业纪律、职业情感以及职业能力 4 个方面的修养。

优良的职业道德是跨境电商从业人员在职业活动的行为指南,也是高质量产品与高质量服务的有效保证,对促进本行业发展有着积极的推动作用。跨境电商从业者既要有较高的专业技术水平,也要有良好的职业道德,要做到爱岗敬业、诚实守信、坚持原则等。加强对个人的职业道德建设,无论是对从事跨境电商这个行业,还是对这个社会的道德水平的提高都发挥着重要的作用。

3. 跨境电商职业道德的具体内容

(1)坚持原则,忠于职守

忠于职守,热爱本职工作,这是职业道德的基本规范。作为跨境电商从业人员,忠于职守就是要忠于跨境电商从业人员这个特定的工作岗位,自觉履行应负职责,认真做好本职工作。跨境电商从业人员要有强烈的事业心和责任感,坚持原则,注重社会主义精神文明建设,反对不良思想和作风。

(2)恪守信用,谦虚谨慎

跨境电商从业人员必须恪守信用,维护企业的商业信用,维护自己的个人信用,谦虚谨慎,办事公道。

在跨境交易中,卖家要恪守诚信经营原则,及时履行订单要求,兑现服务承诺,不得出现虚假交易、虚假发货、货不对板等不诚信行为。作为交易市场的卖方,卖家应就双方达成买卖交易自主对买家负责,切实履行卖家的信息披露、质量保证、发货与服务、售后及质保等义务。同时,卖家有义务了解并熟悉交易过程中的平台对买家市场规定,遵守并提供善意、合理的配合。

(3)实事求是,思想端正

跨境电商从业人员要坚持实事求是的工作作风,一切从实际出发,理论联系实际,坚持实践是检验真理的唯一标准。从业人员在工作的各个环节都要求准确、如实地反映客观实际,从客观存在的事实出发。此外,无论是收集信息、提供意见、拟写文件,都必须端正思想,坚持实事求是的原则。

在商品发布中,卖家要保障消费者知情权,履行信息披露的义务。在发布商品应如实描述,包括在商品描述页面、店铺页面、站内信等所有平台提供的渠道中,向买家就自己提供的商品和服务进行真实、完整的描述,包括对物流、售后、保险等服务的方式、价格,商品的基本属性、功能、包装、成色、价格等,不作虚假或误导性陈述。卖家保证出售的商品在合理期限内可以正常使用,包括商品不存在危及人身财产安全的风险,具备商品应当具备的使用性能、符合商品或其包装上注明采用的标准等。

(4)遵纪守法,廉洁奉公

遵纪守法、廉洁奉公是跨境电商从业人员职业活动能够正常运作的重要保证。遵纪守法指的是从业人员要遵守职业纪律和与职业活动相关的法律、法规,遵守商业道德。廉洁奉公是高尚道德情操在职业活动中的重要体现,是跨境电商从业人员应有的思想道德品质和行为准则。

卖家在平台的任何行为都应遵守中国及其他国家可适用的法律、法规、规章、政令、判决等规范性文件。遵守平台各类目的商品发布规则,禁止发布禁限售的商品或信息。尊重他人的知识产权,严禁未经授权发布、销售侵犯第三方知识产权的商品,包括但不限于商标、著作权、专利等。

（5）求实创新，踏实勤劳

现在各行各业的劳动者都在破除旧观念，勇于开创新的工作局面。跨境电商工作头绪繁多，涉及面广，要求从业人员了解和熟悉与自身职业有直接或间接关系领域中取得的最新成果，掌握工作中的各项技能，踏实勤奋学习，有尽可能多的广博知识，做一个"通才"和"杂家"。

作为复合型人才的跨境电商从业人员，更应具有强烈的创新意识和精神，对自身素质的要求应更严格、更全面。从业人员要勇于创新，不空谈，重实干，勤奋学习，刻苦钻研，努力提高自身的思想素质和业务水平，力争在思想上是先行者，在实践上是实干家，不断提出新问题，研究新方法，走出"新路子"。

活动实施

首先，请通过给出的参考案例，对案例中跨境电商从业人员的道德缺失进行分析。然后以小组为单位，上网查找近几年有关跨境电商从业人员职业道德缺失的现象和行为，共同分析、讨论该现象并对其进行归纳总结。

步骤 1：请分析下面给出的参考案例，讨论案例中跨境电商从业人员道德缺失行为有哪些，填入表 7.2.1 中。

案例 1：盗版侵权绝不允

2021 年上半年，一款名为灭鼠先锋的减压玩具在亚马逊上走红，该产品最早由 FoxMind 公司推出，在疫情期间凭借通过挤压泡泡纾解压力的趣味性玩法而大火。由于这款非常火爆的挤泡泡式减压玩具技术含量不高，仿造起来简单，很多跨境电商玩具卖家就仿造起来，以低廉的价格在平台上大量售卖。2021 年 6 月，品牌方 FoxMind 公司委托 EPS 律所代理诉讼，起诉涉嫌商标以及专利侵权的卖家。在有关部门的严查之下，有 39 家卖家账户被冻结。一位售卖灭鼠先锋的卖家就表示，公司 7 000 多个灭鼠先锋产品库存全部弃置，损失计 10 多万元。

案例 2：恶意刷单要不得

某出口跨境电商卖家为了打击竞争对手，通过雇用相关服务商故意给竞争对手的店铺商品发表差评、恶意购买受害卖家店铺的大量商品再集中退货等行为导致竞争对手的店铺被封。在给竞争对手刷差评的同时，为了提升自己店铺在跨境电商平台上的信誉度，争取更多的交易机会，以一单几十元不等的报酬雇用他人为自己店铺的产品刷好评，前后刷单流水共计 100 多万美元，虚构交易行为 3 000 多单。经调查核实，该跨境电商卖家非法打击竞争对手以及虚构刷单交易触犯了《中华人民共和国刑法》，公安机关依法对店铺卖家等人采取了刑事强制措施。

案例 3：卖惨式索好评不可取

一位美国买家，在购买某件产品后，随着产品一起寄到的还有一张小卡片，卡片上写着：We need your help！……卡片翻译过来是：我们需要您的帮助。这是 Gary 和 Jessica，我们的女儿患有白血病。我们非常期待你能为我们的产品留下良好的评论，以支持这份家庭小生意（手工制作的头发饰品），这样我们能挣足够的钱去治愈女儿。即便是一个短好评都能很大地帮助到我们，关于我们的产品如果你遇到任何问题,请及时联系我们。

买家了解后发现,这是一个骗人的卡片,卖家根本没有生病的孩子。看起来卖惨式索评操作似乎诚意满满,但其实并不是。从卡片的英语内容上看,从格式到语法漏洞百出,而给客户的感觉,虚假的成分要大于真实。所以买家不仅不会提供评论,还顺手举报了,而一举报,封号可能也接踵而来。

表 7.2.1　跨境电商道德行为分析归纳表

	案例违规表现	跨境电商从业人员道德行为分析
案例 1		
案例 2		
案例 3		

步骤 2:小组成员对找到的案例资料进行讨论,针对上面案例出现的问题应该如何改进并避免分别发表看法。

步骤 3:以小组为单位,请查找近几年跨境电商职业道德缺失的案例,分析案例中的行为的不妥之处,填入表 7.2.2 中。

表 7.2.2　跨境电商道德缺失案例归纳表

案例陈述	归纳分析

步骤 4:小组成员对案例进行归纳分析,探讨跨境电商从业人员应该如何规范自己的职业道德和行为,并派代表进行总结发言。

※ 活动评价 ※

任务实施完成后,由团队负责人(组长)牵头开展自评及他评,完成任务评价表。

任务评价表

	成员	任务分工	组内表现 (五星互评)	自己的分工及表现 (自评)	组长评价 (他评)
任务 分工	成员 1		☆ ☆ ☆ ☆ ☆		
	成员 2		☆ ☆ ☆ ☆ ☆		
	成员 3		☆ ☆ ☆ ☆ ☆		
	成员 4		☆ ☆ ☆ ☆ ☆		
任务 总结					

项目检测

1. 单选题

(1)以下哪种商品是限售商品?(　　　)

　　A.毒品　　　　　　　　B.枪支　　　　　　C.军警用品　　　　　　D.电子烟

(2)未经注册商标权人许可,在同一种商品上使用与其注册商标相同或相似的商标,属于(　　　)行为。

　　A.商标侵权　　　　　　B.著作侵权　　　　C.专利侵权　　　　　　D.隐私侵权

(3)为了提高商品的搜索量,将"布料"放到"婚纱"类目,属于(　　　)作弊行为。

　　A.类目错放　　　　　　B.属性错选　　　　C.重复铺货　　　　　　D.SKU 作弊

(4)以下属于信息展示类商品滥发的行为是(　　　)。

　　A.重复铺货　　　　　　B.产品超高价　　　C.信用及销量炒作　　　D.更换产品

(5)卖家避免在运营过程中出现品牌侵权,以下做法不对的是(　　　)。

　　A.参考平台规则专区的品牌参考列表

　　B.标题、产品图片中不能含有他人品牌的品牌名称、衍生词、Logo 或相似 Logo

　　C.经常了解业内各知名品牌方的产品设计,避免无意出现与之相似的外观或图案

　　D.发布了侵权产品,没有收到投诉,暗自庆幸,不作任何处理

2. 多选题

(1)跨境电商贸易、商务运输相关法律法规,包含(　　　)。

　　A.贸易合同方面的法律

　　B.知识产权方面的法律

　　C.跨境运输方面的法律

　　D.产品质量和消费者权益方面的法律

(2)跨境电商知识产权主要包括（   ）。

  A.专利权 　　　　B.著作权（版权） 　　　　C.商标权 　　　　D.隐私权

(3)以下属于货不对板的行为有（   ）。

    A.寄送空包裹给买家

    B.订单产品为电子存储类设备，产品容量与产品描述或承诺严重不符

    C.订单产品为电脑类产品硬件，产品配置与产品描述或承诺严重不符

    D.订单产品和寄送产品非同类商品且价值相差巨大

(4)盗图投诉立案成立，需要满足（   ）。

    A.1张清晰无水印且未经编图软件编辑的原始图片

    B.3张不同的与原始图片相关的花絮、套图，需清晰无水印且未经编图软件编辑

    C.原图与被投诉链接中的图片对应的原图一致

    D.店铺的原创图片

(5)以下属于跨境电商职业道德修养的内容有（   ）。

    A.坚持原则，忠于职守

    B.恪守信用，谦虚谨慎

    C.实事求是，思想端正

    D.遵纪守法，廉洁奉公

3. 判断题

(1)从行业监管角度来看，跨境电商行政监管部门为商务部、中华人民共和国海关总署、工信部、工商总局与国家市场监督管理总局。　　　　　　　　　　　　　　　（　　）

(2)毒品、枪支、军警用品、收藏品、非法用途的各类商品、危害国家安全及有侮辱性信息的商品等都是禁止上架的。　　　　　　　　　　　　　　　　　　　　　　（　　）

(3)成交不卖，指买家对订单付款后，卖家逾期未按订单发货，或买家取消订单并选择卖家原因导致付款未发货。　　　　　　　　　　　　　　　　　　　　　　　　（　　）

(4)标题无明确产品名称、标题关键词堆砌、标题产品名与实际不符、标题与类目不符等行为树立标题描述违规行为。　　　　　　　　　　　　　　　　　　　　　　（　　）

(5)商品图片中可以出现联系方式，如邮箱、微信、手机号等来宣传店铺或商品。

                                                      （　　）

4. 简答题

(1)跨境电子商务人才应该具备哪些职业道德？

(2)为维护和优化速卖通平台的经营秩序，更好地保障全球速卖通广大用户的合法权益，速卖通平台制订了哪几大类平台规则？

参考文献

[1] 阿里巴巴商学院. 跨境电商营销 [M]. 北京: 电子工业出版社, 2023.

[2] 邓志超, 彭思, 周春翔. 跨境电商: 速卖通运营与管理 [M]. 2 版. 北京: 人民邮电出版社, 2023.

[3] 李晓燕. 跨境电子商务实务 [M]. 重庆: 重庆大学出版社, 2021.

[4] 王冰. 跨境电子商务基础 [M]. 重庆: 重庆大学出版社, 2020.

[5] 柯丽敏, 张彦红. 跨境电商运营从基础到实践 [M]. 北京: 电子工业出版社, 2020.

[6] 王淑翠. 跨境电商出口零售实务 [M]. 北京: 人民邮电出版社, 2020.

[7] 速卖通培训中心. 跨境电商运营与管理: 阿里巴巴速卖通宝典 [M]. 北京: 电子工业出版社, 2017.